IHR EIGENES UNTERNEHMEN GRÜNDEN.

IHR EIGENES UNTERNEHMEN GRÜNDEN

Serie " Reichtum für das neue Jahr "
von: D.K. Hawkins
Version 1.1 ~Dezember 2021
Veröffentlicht von D.K. Hawkins bei KDP
Copyright ©2021 by D.K. Hawkins. Alle Rechte vorbehalten.

Kein Teil dieser Publikation darf ohne vorherige schriftliche Genehmigung der Herausgeber in irgendeiner Form oder mit irgendwelchen Mitteln, einschließlich Fotokopien, Aufzeichnungen oder anderer elektronischer oder mechanischer Methoden oder durch ein Informationsspeicher- oder -abrufsystem, vervielfältigt, verbreitet oder übertragen werden, mit Ausnahme sehr kurzer Zitate in kritischen Rezensionen und bestimmter anderer nichtkommerzieller Verwendungen, die durch das Urheberrechtsgesetz erlaubt sind.

Alle Rechte vorbehalten, einschließlich des Rechts auf vollständige oder teilweise Vervielfältigung in jeder Form.

Alle Angaben in diesem Buch wurden sorgfältig recherchiert und auf ihre sachliche Richtigkeit überprüft. Der Autor und der Herausgeber übernehmen jedoch keine Garantie, weder ausdrücklich noch stillschweigend, dass die hierin enthaltenen Informationen für jede Person, jede Situation oder jeden Zweck geeignet sind, und übernehmen keine Verantwortung für Fehler oder Auslassungen.

Der Leser übernimmt das Risiko und die volle Verantwortung für alle Handlungen. Der Autor kann nicht für Verluste oder Schäden verantwortlich gemacht werden, die sich aus den in diesem Buch enthaltenen Informationen ergeben können.

Alle Bilder sind frei verwendbar oder von Stockfoto-Websites erworben oder lizenzfrei für die kommerzielle Nutzung. Ich habe mich bei der Erstellung dieses Buches auf meine eigenen Beobachtungen sowie auf viele verschiedene Quellen gestützt, und ich habe mein Bestes getan, um Fakten zu überprüfen und Quellenangaben zu machen, wo sie angebracht sind. Sollte Material ohne entsprechende Erlaubnis verwendet worden sein, kontaktieren Sie mich bitte, damit das Versehen korrigiert werden kann.

Die in diesem Buch enthaltenen Informationen dienen nur zu Informationszwecken und sind nicht als Quelle für Ratschläge oder Kreditanalysen in Bezug auf das dargestellte Material gedacht. Die in diesem Buch enthaltenen Informationen und/oder Dokumente stellen keine Rechts- oder Finanzberatung dar und sollten niemals ohne vorherige Rücksprache mit einem Finanzfachmann verwendet werden, um festzustellen, was für Ihre individuellen Bedürfnisse am besten geeignet ist.

Der Herausgeber und der Autor geben keine Garantie oder andere Versprechen hinsichtlich der Ergebnisse, die durch die Verwendung des Inhalts dieses Buches erzielt werden können. Sie sollten niemals eine Anlageentscheidung treffen, ohne vorher Ihren eigenen Finanzberater zu konsultieren und Ihre eigenen Nachforschungen und Sorgfaltsprüfungen durchzuführen. Soweit gesetzlich zulässig, lehnen der Herausgeber und der Autor jegliche Haftung für den Fall ab, dass sich die in diesem Buch enthaltenen Informationen, Kommentare, Analysen, Meinungen, Ratschläge und/oder Empfehlungen als ungenau, unvollständig oder unzuverlässig erweisen oder zu Investitions- oder anderen Verlusten führen.

Der in diesem Buch enthaltene oder zur Verfügung gestellte Inhalt stellt keine Rechts- oder Anlageberatung dar, und es wird keine Beziehung zwischen Anwalt und Mandant begründet. Der Herausgeber und der Autor stellen dieses Buch und seinen Inhalt auf der Basis "wie besehen" zur Verfügung. Die Nutzung der Informationen in diesem Buch erfolgt auf eigene Gefahr.

Inhalt

Einführung: 6
Kapitel no.1 11
Ein neues Unternehmen gründen. 11
2. Schreiben Sie einen Geschäftsplan: 15
3. Ihre Finanzen. 17
4. Rechtliche Unternehmensstruktur: 23
5. Abschluss einer Versicherungspolice 28
8. Sich selbst vermarkten und werben. 31
9. Wachsen Sie Ihr Unternehmen. 34
Kapitel no.2 38
Ein Unternehmen ohne Geld gründen. 38
LLP-Registrierung mit EMI-Option. 39
Auf E-Commerce-Portalen verkaufen. 39
Beginn der Bereitstellung von Dienstleistungen. ... 39
Geschäftsplan. 40
Staatliche Programme. 41
Kapitel no.3 47
Ein Unternehmen gründen (ohne Erfahrung) ... 47
Die Reise des Lebens. 72
Kapitel no.4 74
Ein neues Unternehmen zu Hause gründen. ... 74
Kapitel no.5 81
Die profitabelsten Unternehmen 2021. 81

Kleine Unternehmen, die am rentabelsten sind. 82
Und nicht zuletzt. 93
Schlussfolgerung: 94

Einführung:

Kühne Köpfe führen ehrgeizige Aktionen durch, und die Gründung eines Unternehmens ist eine der ehrgeizigsten. Es ist wichtig zu wissen, worauf man sich einlässt, wenn man ein großartiges Konzept hat oder ein kleines Unternehmen erweitern möchte. Hier erfahren Sie, wie Sie bei Null anfangen und Ihre Ideen und Ressourcen in etwas Sinnvolles verwandeln können. Am Anfang mag es überwältigend erscheinen, aber je mehr Sie lernen, desto einfacher wird es. Denken Sie daran: Wenn Sie sich aus den richtigen Gründen für ein Unternehmen entschieden haben, werden Sie auch Erfolg haben. Wenn es darum geht, sich mit Hilfe des Unternehmertums eine solide finanzielle Zukunft aufzubauen, sind Voraussicht, Struktur und ein ruhiger Geist von großem Vorteil.

Die Gründung eines Unternehmens ist mit einer Reihe von Maßnahmen verbunden, die darauf abzielen, das Unternehmen zu gründen. Der Prozess umfasst die Entwicklung eines Geschäftskonzepts (Konzeptentwicklung genannt), die Untersuchung der Lebensfähigkeit der Idee und die Erstellung eines Geschäftsplans. Ein Unternehmer ist eine Person, die ein neues Unternehmen gründet. Diese Person übernimmt die finanziellen Risiken im Zusammenhang mit der Gründung, dem Betrieb und der Verwaltung des Unternehmens. Ein Unternehmer kann versuchen, ein kleines Unternehmen als Einzelunternehmen zu gründen (ein Unternehmen, das sich im Besitz einer Person befindet und von dieser betrieben wird) oder sein Unternehmen zu einem großen, multinationalen Konzern auszubauen. Jedes Unternehmen, unabhängig von seiner Größe, erfordert ein finanzielles Engagement. Unternehmer, die bedeutende Unternehmen oder Konzerne gründen wollen, wenden sich häufig an Risikokapitalgeber, die ihnen im Gegenzug einen Teil des Eigentums, das so genannte Eigenkapital, zur Verfügung stellen. Ist das Unternehmen erst einmal gegründet und in Betrieb, kann der Unternehmer zusätzliche Mittel (Kapital) erhalten, indem er im Rahmen eines Börsengangs (IPO) Aktien an die Öffentlichkeit verkauft.

Um zu florieren, muss ein Unternehmen unabhängig von seiner Größe unverwechselbar sein. Viele bedeutende und erfolgreiche Unternehmen begannen als Kleinstunternehmen mit einem einzigartigen Geschäftskonzept, das sie von der Konkurrenz abhob. Ein Unternehmer muss sicher sein, dass seine Geschäftsidee den Kunden ein fantastisches Produkt oder eine fantastische Dienstleistung bietet. Der Unternehmer muss auch wissen, wer seine Zielkunden sind und welche Produkte sie bevorzugen. Außerdem muss der neue Firmenchef ein Ziel für die Aufrechterhaltung und den Ausbau des Unternehmens im ersten Jahr und darüber hinaus haben. Kurzfristige Ziele von 6 bis 12 Monaten und langfristige Ziele von zwei bis fünf Jahren können in den Unternehmensplan aufgenommen werden. Die Anfangsphase bei der Planung einer neuen Geschäftsidee mag schwierig sein, aber sie ist entscheidend für andere Bereiche der Unternehmensentwicklung. Ein Unternehmer muss mehrere kritische Fragen in Bezug auf sein Unternehmen beantworten: Was hofft der Unternehmer zu erreichen? Was beinhaltet das Produkt oder die Dienstleistung des Unternehmens? Wie groß oder klein wird Ihr Unternehmen sein? Wie viele Mitarbeiter wird das

Unternehmen gegebenenfalls haben, und wie werden sie verwaltet? Wer werden die Kunden des Unternehmens sein?

In der Forschungsphase der Unternehmensplanung können potenzielle Kunden dem Unternehmer hilfreiche Informationen liefern. In der Anfangsphase der Unternehmensgründung führen viele neue Geschäftsinhaber Kundenbefragungen durch, um mehr über die Gewohnheiten, Anforderungen und Verhaltensweisen ihrer Kunden zu erfahren. Der Firmeninhaber sollte herausfinden, welche unerfüllten Bedürfnisse die Kunden haben und wie das neue Unternehmen diese befriedigen wird. Die Eindrücke der Kunden über die Konkurrenten und das neue Unternehmen, sowohl die positiven als auch die negativen, können bei der Organisation der Verkaufs- und Marketingbemühungen sehr nützlich sein. Die Kunden und ihr Grad an Zufriedenheit mit den Waren und Dienstleistungen eines Unternehmens sind von großer Bedeutung. Der Geschäftsinhaber sollte sich darüber im Klaren sein, wie das Unternehmen auf die Kunden wirkt und wie die Kundenzufriedenheit gemessen wird. Die Konkurrenz oder andere Unternehmen in derselben Branche wie das neue Unternehmen können wertvolle Informationen liefern. Konkurrenten und ihre Produkte können aufzeigen, was fehlt und wie das neue Unternehmen eine Lücke füllen kann. Um herauszufinden, wie das neue Unternehmen das Angebot der Konkurrenz verbessern kann, muss der Unternehmer den Ansatz und die Position des Wettbewerbers auf dem Markt genau untersuchen.

Der Unternehmer steht vor enormen Hindernissen bei der Budgetierung und Beschaffung der für die

Gründung eines neuen Unternehmens erforderlichen Mittel. Finanzielle Prognosen sind eine Art von Geschäftsstudie, die untersucht, wie ein Unternehmen Geld verdienen wird, wie viel es ausgeben wird und wie viel Potenzial es hat, Geld zu schaffen. In die Finanzprognosen für ein neues Unternehmen fließen der Umfang und das Angebot an Anfangskapital, die Umsatzerwartungen und die Ausgaben des Unternehmens für Miete, Versicherungen, Löhne und andere Betriebskosten ein. Als Geschäftsinhaber müssen Sie auch wissen, wie das Unternehmen die Lieferanten bezahlen wird, die ihm die benötigten Rohstoffe liefern, und wie die Zahlungen von den Kunden eingezogen werden sollen. Der Geschäftsinhaber muss festlegen, wie diese Konten zusammen funktionieren sollen, damit das Unternehmen rentabel bleibt. Der technologische Fortschritt hat die Art und Weise, wie neue Unternehmen gegründet und geführt werden, radikal verändert. Jahrhunderts konnten Unternehmen E-Mail und Internet nutzen, um den Kontakt mit Lieferanten und Kunden zu beschleunigen, Marktforschung zu betreiben, Steuern zu verwalten und eine Vielzahl anderer Aufgaben zu erledigen. Andere Technologien wie der persönliche digitale Assistent (PDA) und das Mobiltelefon ermöglichten es Geschäftsleuten, zu jeder Tageszeit von zu Hause, vom Büro oder von unterwegs aus E-Mails zu senden und zu empfangen, zu telefonieren und im Internet zu surfen. Kleine Unternehmen haben jetzt Zugang zu High-Tech-Tools, die früher nur großen Organisationen vorbehalten waren. Ein kleines Unternehmen kann jetzt beispielsweise seine Website (ein eingeschränktes Netzwerk, das es einem Unternehmen ermöglicht, Ressourcen wie Unternehmensrichtlinien, Ankündigungen oder Informationen über neue Produkte mit seinen

Mitarbeitern zu teilen, ohne dass private Informationen für Personen außerhalb des Unternehmens sichtbar werden) erstellen. Kleine Unternehmen nutzen den globalen Online-Marktplatz, um mit Personen aus der ganzen Welt in Kontakt zu treten. Die Website eines Unternehmens hat sich zu einem wichtigen Marketinginstrument entwickelt. Die Kunden verlangen ein hohes Maß an Informationen, Bequemlichkeit und personalisierter Behandlung auf der Website eines Unternehmens, da das Internet unendlich viele Recherchemöglichkeiten bietet.

Kapitel no.1

Ein neues Unternehmen gründen.

Möchten Sie ein neues Kleinunternehmen gründen? Erfahren Sie, wie Sie loslegen und erfolgreich sein können.

- Sie wollen sichergehen, dass Sie Ihre Arbeit getan haben, bevor Sie ein Unternehmen gründen, aber Sie sind sich auch bewusst, dass alles Mögliche schief gehen kann. Um ein erfolgreiches Unternehmen zu führen, müssen Sie sich an veränderte Bedingungen anpassen.

- Eine detaillierte Marktforschung über Ihren Sektor und die Demografie Ihres Zielmarktes ist ein entscheidender Aspekt bei der Entwicklung einer Unternehmensstrategie.

- Bevor Sie Ihre Ware oder Dienstleistung verkaufen können, müssen Sie zunächst Ihre Identität schaffen und eine Fangemeinde von Kunden aufbauen, die bereit sind, zu kaufen, wenn Sie Ihre Türen öffnen.

- Dieser Aufsatz richtet sich an Unternehmer, die die Grundlagen der Gründung eines neuen Unternehmens verstehen wollen.

Die offensichtlichen Aufgaben wie die Namensgebung für das Unternehmen und die Entwicklung eines Logos sind klar, aber was ist mit den kleineren, aber ebenso wichtigen Schritten? Die Arbeit kann sich schnell summieren, sei es beim Aufbau Ihrer Unternehmensstruktur oder bei der Ausarbeitung einer präzisen Marketingstrategie. Anstatt sich zu fragen, wo Sie anfangen sollen, folgen Sie diesem 10-Schritte-Prozess, um Ihr Konzept in ein nachhaltiges Unternehmen zu verwandeln.

1. Verfeinern Sie Ihre Idee.

Wenn Sie darüber nachdenken, ein Unternehmen zu gründen, haben Sie vermutlich bereits eine Vorstellung davon, was Sie online anbieten möchten, oder zumindest, in welchen Markt Sie eintreten möchten. Führen Sie eine schnelle Suche nach bestehenden Unternehmen in dem von Ihnen gewählten Bereich durch. Was machen die etablierten Marktführer, und wie können Sie es verbessern? Wenn Sie der Meinung sind, dass Ihr Unternehmen etwas tun kann, was andere Unternehmen nicht können (oder die gleiche Dienstleistung zu geringeren Kosten anbieten), oder wenn Sie eine gute Idee haben und bereit sind, einen Geschäftsplan zu erstellen.

Definieren Sie Ihr "Warum."

Beginnen Sie immer mit dem "Warum", wie Simon Sinek es ausdrückt", so Business News Daily im Gespräch mit Glenn Gutek, CEO von Awake Consultation und Coaching. "Es ist entscheidend, zu verstehen, warum Sie Ihr Unternehmen gründen. In dieser Phase ist es wichtig zu bestimmen, ob das Unternehmen ein persönliches oder ein geschäftliches Motiv erfüllt. Der Stellenwert Ihres Unternehmens wird immer größer sein als eine Firma, die gegründet wird, um ein persönliches Bedürfnis zu befriedigen, wenn Ihr Grundgedanke darauf ausgerichtet ist, ein Marktbedürfnis zu erfüllen."

Franchising in Betracht ziehen.

Eine weitere Alternative ist die Eröffnung eines Franchise-Betriebs eines bekannten Unternehmens. Das Konzept, der Wiedererkennungswert der Marke und der Geschäftsplan sind bereits vorhanden; alles, was Sie jetzt noch brauchen, ist ein geeigneter Standort und eine ausreichende Finanzierung.

Überlegen Sie sich einen Namen für Ihr Unternehmen.

Unabhängig von Ihrer Entscheidung ist es wichtig, die Gründe für Ihren Vorschlag zu verstehen. Als Geschäftsinhaberin empfiehlt Stephanie Desaulniers, Dezign, und ehemalige Betriebsleiterin und Business-Networking-Programme beim Covation Center, Unternehmern, einen Geschäftsplan zu entwerfen oder sich einen funktionierenden Namen auszudenken, bevor sie den Wert ihres Konzepts ermitteln.

Klären Sie Ihre Zielkunden:

Nach Ansicht des Inhabers Desaulniers stürzen sich zu viele Menschen in die Gründung eines Unternehmens, ohne sich vorher Gedanken über ihre Kunden zu machen und darüber, warum sie bei ihnen kaufen oder sie einstellen wollen. "Sie sollten erklären, warum Sie mit diesen Kunden zusammenarbeiten wollen - sind Sie begeistert davon, das Leben der Menschen zu erleichtern?" so Desaulniers. "Oder lieben sie es, Kunst zu machen, um ihrer Umgebung Farbe zu verleihen? Die Ermittlung dieser Antworten hilft bei der

Definition Ihres Ziels. Drittens müssen Sie sich überlegen, wie Sie Ihren Kunden diesen Wert bieten und wie Sie ihn ihnen vermitteln, wenn sie bereit sind, dafür Geld zu bezahlen." Während des Ideenfindungsprozesses müssen die wichtigsten Details geklärt werden. Wenn Sie von Ihrem Konzept nicht begeistert sind oder es keinen Markt dafür gibt, ist es an der Zeit, sich etwas Neues einfallen zu lassen.

2. Schreiben Sie einen Geschäftsplan:

Sobald Sie Ihr Konzept ausgearbeitet haben, müssen Sie sich einige wichtige Fragen stellen: Was ist das Ziel Ihres Unternehmens? Wen wollen Sie mit Ihrer Werbung ansprechen? Was sind Ihre wichtigsten Ziele? Wie wollen Sie Ihre Anfangskosten decken? Ein gut ausgearbeiteter Unternehmensplan kann Antworten auf diese Fragen geben. Neue Unternehmen machen viele Fehltritte, weil sie sich in die Dinge stürzen, ohne über diese Komponenten der Organisation nachzudenken. Sie müssen Ihren Zielmarkt bestimmen. Wer wird Ihre Waren oder Dienstleistungen kaufen? Was nützt es Ihnen, Ihr Konzept zu verfolgen, wenn Sie nicht feststellen können, dass es einen Markt dafür gibt?

Durchführung von Marktforschung:

Die Durchführung einer detaillierten Marktforschung über Ihren Sektor und die Demografie potenzieller Kunden ist ein wichtiges Element bei der Erstellung eines Geschäftsplans. Die Durchführung von Umfragen, die Zusammenstellung von Fokusgruppen und die Auswertung von SEO- und öffentlichen Daten sind Teil dieses Prozesses. Marktforschung hilft Ihnen, mehr über Ihre Zielkunden zu erfahren, einschließlich ihrer Wünsche, Vorlieben und Verhaltensweisen. Außerdem müssen Sie sich über Ihre Branche und Ihre Konkurrenten im Klaren sein. Um das Potenzial und die Beschränkungen Ihres Unternehmens besser einschätzen zu können, raten mehrere Fachleute für kleine Unternehmen dazu, demografische Daten zu erfassen und eine Wettbewerbsstudie durchzuführen. Die einzigartigsten Kleinunternehmen bieten einzigartige Produkte oder Dienstleistungen an, mit denen sie sich von ihren Konkurrenten abheben. Dies hat einen enormen Einfluss auf Ihr Wettbewerbsumfeld und ermöglicht es Ihnen, potenziellen Kunden einen differenzierten Wert zu vermitteln.

Erwägen Sie eine Ausstiegsstrategie:

Bei der Ausarbeitung Ihres Unternehmensplans sollten Sie auch an einen Fluchtplan denken. Einen Plan zu erstellen, wie genau Sie Ihren derzeitigen Job aufgeben wollen, erfordert Planung. "Allzu oft sind Jungunternehmer so begeistert von ihrem Unternehmen und so sicher, dass jeder überall Kunde sein wird, dass sie sich nur sehr wenig oder gar keine Zeit nehmen, um darzulegen, wie sie aus dem Unternehmen aussteigen wollen", so Josh Tolley. Gibt es also einen besten Weg, auszusteigen? Wo ist Ihre Ausstiegsstrategie? Ich habe viele Unternehmensleiter erlebt, die nicht jederzeit mindestens drei oder vier Ausstiegsstrategien parat haben. Dies führt zu einer Verringerung der Rentabilität des Unternehmens und sogar zum Abbruch von Familienbeziehungen. Ein Geschäftsplan, der ständig aktualisiert wird, kann Ihnen helfen, herauszufinden, wohin Sie Ihr Unternehmen führen wollen. Was Sie auf dem Weg dorthin tun werden, wie genau Sie das erreichen wollen und was Sie langfristig brauchen, um das Unternehmen am Laufen zu halten.

3. Ihre Finanzen.

Jede Unternehmensgründung ist mit Kosten verbunden, also müssen Sie sich überlegen, wie Sie sie bezahlen wollen. Sind Sie in der Lage, Ihr Unternehmen selbst zu finanzieren, oder müssen Sie sich Geld leihen? Haben Sie genug Geld zur Seite gelegt, um Ihren Lebensunterhalt zu bestreiten, bis Sie einen Gewinn erzielen, falls Sie Ihre derzeitige Stelle aufgeben und sich auf Ihr Unternehmen konzentrieren wollen? Es ist besser, wenn Sie herausfinden, wie hoch Ihre anfänglichen Kosten sein werden. Viele Unternehmen scheitern, weil sie kein Geld haben, bevor sie erfolgreich sind. Es ist erfolgreich, die Menge an Geld, die Sie am Anfang benötigen, zu überschätzen, weil es lange dauern kann, bis ein Unternehmen beginnt, zuverlässige Einnahmen zu erzielen.

Analysieren Sie den Break-even-Punkt.

Eine Pusteanalyse ist eine Möglichkeit, um herauszufinden, wie viel Geld Sie brauchen werden. Sie ist ein wichtiger Bestandteil der Finanzplanung, da sie Firmeninhabern hilft, festzustellen, wann ihr Unternehmen, ihr Produkt oder ihre Dienstleistung rentabel sein wird. Die Formel ist einfach und klar:

- Fixe Ausgaben /(Durchschnittspreis - relevante Kosten) = Blow Point.

Jeder Unternehmer sollte sich diese Formel zu Nutze machen, denn sie sagt Ihnen, welche Mindestleistung Ihr Unternehmen benötigt, um keine Verluste zu machen. Sie hilft Ihnen auch zu verstehen, woher Ihre Umsätze kommen, so dass Sie Ihre Produktionsziele entsprechend festlegen können. Die drei typischsten Gründe für die Durchführung einer Break-even-Analyse sind die folgenden:

1. Legen Sie eine Gewinnspanne fest. Das ist im Allgemeinen die oberste Priorität eines jeden Unternehmers. Prüfen Sie die folgende Frage: Wie viele Einnahmen brauche ich, um alle meine Ausgaben zu decken? Mit welchen Waren oder Dienstleistungen mache ich Gewinn, mit welchen Verlust?

2. Bestimmen Sie die Kosten für Waren oder Dienstleistungen. Wenn die meisten Menschen über die Preisgestaltung nachdenken, bewerten sie, wie viel die Herstellung ihres Produkts kostet und wie die Preise ihrer Konkurrenten aussehen. Überlegen Sie, wie hoch die Fixkosten, die variablen Kosten und die Gesamtkosten sind. Wie hoch ist der Preis für alle anderen Posten? Wie hoch sind die Kosten für Ihre Arbeitskräfte?

3. Prüfen Sie die Informationen. Welche Menge an Waren oder Dienstleistungen müssen Sie verkaufen, um einen Gewinn zu erzielen? Überlegen Sie sich die folgende Frage: Wie kann ich meine Fixkosten insgesamt senken? Wie kann ich die variablen Kosten pro Einheit senken? Was kann ich tun, um den Absatz zu steigern?

Achten Sie auf Ihre Ausgaben in der Anfangsphase:

Wenn Sie mit der Gründung Ihres Unternehmens beginnen, sollten Sie immer auf Ihre Ausgaben achten. Vergewissern Sie sich, dass Sie wissen, welche Anschaffungen Sie für Ihr Unternehmen benötigen. Versuchen Sie, nicht zu viel Geld für teure neue Geräte auszugeben. Gebrauchte Geräte funktionieren genauso gut. Wenn Sie weniger Geld für gebrauchte Geräte ausgeben, bleibt Ihnen mehr Geld für wichtigere Dinge. Behalten Sie Ihre Geschäftsausgaben im Auge, um sicherzustellen, dass Sie im Plan bleiben. "Viele Unternehmen verschwenden Geld für Dinge, die nicht notwendig sind", sagt Jean Paldan, CEO von Rare Form New Media. "Wir haben mit einem Zwei-Personen-Startup gearbeitet, das viel Geld für Büroräume ausgegeben hat, die für 20 Personen geeignet sind. Sie mieteten auch einen vermeintlich besseren Drucker mit Karten, um zu überwachen, wer wann was produziert, was für ein Team von 100 Personen besser geeignet war. Wenn Sie anfangen, geben Sie so wenig wie möglich aus, und zwar nur für die Produkte, die Sie brauchen, um sich zu entwickeln und zu florieren. Wenn Sie sich etabliert haben, werden Sie sich den Luxus gönnen."

Prüfen Sie Ihre Finanzierungsmöglichkeiten.

Das Geld für die Gründung Ihres Unternehmens kann aus verschiedenen Quellen stammen. Wie Sie am besten bestimmen, woher das Geld für Ihr Unternehmen kommen soll, hängt von mehreren Faktoren ab. Zu diesen Faktoren gehören Ihre Kreditwürdigkeit, der Betrag, den Sie beantragen, und alle verfügbaren Optionen.

1. Gewerbliche Kredite. Ein idealer Ausgangspunkt ist ein Geschäftskredit von einer Bank, wenn Sie Geld benötigen, doch ist es in der Regel schwierig, diesen zu bekommen. Wenn Sie kein Bankdarlehen bekommen, können Sie einen Geschäftskredit bei der Small Business Management (SBA) oder einem anderen Kreditgeber beantragen.

2. Zuschüsse für kleine Unternehmen. Zuschüsse für Unternehmen sind mit Darlehen vergleichbar, da sie nicht zurückgezahlt werden müssen. Firmenzuschüsse sind in der Regel sehr wettbewerbsorientiert, und sie sind mit Standards verbunden, die erfüllt werden müssen, damit das Unternehmen berücksichtigt werden kann. Wenn Sie sich um einen Zuschuss für ein kleines Unternehmen bewerben, suchen Sie nach Zuschüssen, die auf Ihre spezielle Situation zugeschnitten sind. Zuschüsse für Unternehmen, die von Minderheiten geführt werden, Preise für Unternehmen, die von Frauen geführt werden, und staatliche Zuschüsse sind alles Optionen.

3. Investoren. Neugründungen, die eine beträchtliche Summe im Voraus benötigen, sollten die Aufnahme eines Investors in Erwägung ziehen. Millionen Dollar und mehr können in ein junges Unternehmen investiert werden, wobei die Geldgeber aktiv am Tagesgeschäft beteiligt sein müssen.

4. Crowdfunding. Alternativ können Sie auch eine Crowdfunding-Kampagne starten, um bescheidene Geldbeträge von einer großen Anzahl von Personen zu sammeln. In den letzten Jahren haben mehrere Organisationen vom Crowdsourcing profitiert, und es gibt Hunderte von zuverlässigen Crowdfunding-Plattformen, die für verschiedene Unternehmen eingerichtet wurden.

Wählen Sie die beste Geschäftsbank für Sie:

Bei der Auswahl einer Geschäftsbank spielt die Größe eine Rolle. Laut Marcus Anwar, Mitbegründer von OH My Canada, kann eine kleine lokale Gemeinschaftsbank die lokalen Marktbedingungen besser kennen. Diese Banken werden sich auf der Grundlage Ihres Charakters und Geschäftsprofils stärker für Sie einsetzen. "Sie sind nicht wie die großen Banken, die sich Ihre Kreditwürdigkeit ansehen und bei der Kreditvergabe an kleine Unternehmen diskriminierender vorgehen", erklärt Anwar. "Und nicht nur das: Kleine Banken wollen eine persönliche Beziehung zu Ihnen aufbauen und Ihnen schließlich helfen, wenn Sie Probleme haben und in Zahlungsverzug geraten. Ein weiterer Vorteil von Gemeinschaftsbanken ist, dass Entscheidungen auf Filialebene getroffen werden, was schneller sein kann als Entscheidungen auf höherer Ebene in größeren Banken." Bei der Auswahl einer Bank für Ihr Unternehmen sollten Sie sich nach Ansicht von Anwar die folgenden Fragen stellen:

- Was sind die Dinge, die mir am wichtigsten sind?

- Möchte ich eine enge Beziehung zu einer Bank haben, die mir in jeder Hinsicht behilflich ist?

- Möchte ich von den großen Banken nur als ein weiteres Bankkonto angesehen werden?

Welche Bank die beste für Ihr Unternehmen ist, hängt letztendlich von Ihren Anforderungen ab. Eine Liste Ihrer Anforderungen an eine Bank kann Ihnen dabei helfen, sich auf das zu konzentrieren, wonach Sie suchen sollten. Um die ideale Bank für Ihr Unternehmen zu finden, sollten Sie Termine mit mehreren Banken vereinbaren und Fragen dazu stellen, wie sie mit kleinen Unternehmen arbeiten.

4. Rechtliche Unternehmensstruktur:

Bestimmen Sie zunächst die Rechtsform Ihres Unternehmens, bevor Sie es eintragen lassen. Indem Sie sich vergewissern, dass Sie rechtlich geschützt sind, stellen Sie sicher, wie Sie Steuern einreichen und wie hoch Ihre Steuerpflicht sein wird und was passiert, wenn etwas schiefgeht.

- Ein Einzelunternehmen ist ein Unternehmen, das im Besitz einer einzigen Person ist und von dieser betrieben wird. Sie können ein Einzelunternehmen anmelden, wenn Sie das Unternehmen vollständig selbst besitzen und beabsichtigen, für alle Schulden und Verpflichtungen allein verantwortlich zu sein. Beachten Sie, dass sich diese Strategie negativ auf Ihre Kreditwürdigkeit auswirken kann.

- Partnerschaft. Eine Geschäftspartnerschaft bedeutet, dass zwei oder mehr Personen, wie der Name schon sagt, als Geschäftsinhaber individuell zur Verantwortung gezogen werden. Wenn Sie einen Geschäftspartner finden, der die gleichen positiven Eigenschaften hat wie Sie selbst, müssen Sie es nicht allein schaffen. Es ist eine gute Idee, jemanden einzustellen, der Ihr Unternehmen beim Gedeihen unterstützt.

- Gesellschaft. Ziehen Sie die Gründung einer der verschiedenen Gesellschaftsformen in Betracht, wenn Sie Ihre Haftung von Ihrem Unternehmen trennen möchten (z. B. S-Corporation, C-Corporation oder B-Corporation). Obwohl jede Corporation ihre eigenen Regeln hat, trennt diese Rechtsform im Allgemeinen ein Unternehmen von seinen Eigentümern und ermöglicht es Unternehmen, Eigentum zu besitzen, Verbindlichkeiten zu übernehmen, Steuern zu zahlen, Verträge abzuschließen, zu klagen und verklagt zu werden, wie es auch Privatpersonen können. "Unternehmen, insbesondere C-Corporations, eignen sich besonders gut für junge Unternehmen, die in Kürze an die Börse gehen wollen oder Risikokapital suchen", so Deryck Jordan, geschäftsführender Anwalt bei Jordan Counsel.

- Eine Gesellschaft mit beschränkter Haftung. Die Gesellschaft mit beschränkter Haftung ist eine der häufigsten Formen für kleine Unternehmen (LLC). Bei dieser hybriden Rechtsform wird der rechtliche

Schutz mit den steuerlichen Vorteilen einer Personengesellschaft gepaart.

Letztendlich müssen Sie sich für die Organisationsform entscheiden, die für Ihre aktuellen Bedürfnisse und zukünftigen geschäftlichen Ambitionen geeignet ist. Es ist wichtig, dass Sie sich über die verschiedenen Unternehmensformen informieren, die es gibt. Wenn Sie Probleme haben, eine Entscheidung zu treffen, sollten Sie sich an einen Unternehmens- oder Rechtsberater wenden.

Anmeldung bei der Regierung und dem IRS.

Bevor Sie Ihr Unternehmen legal betreiben können, müssen Sie verschiedene Geschäftslizenzen erwerben. Sie müssen Ihr Unternehmen zum Beispiel bei der Bundes-, Landes- und Kommunalverwaltung anmelden. Vor der Anmeldung müssen Sie mehrere Dokumente vorbereiten.

Betriebsvereinbarungen und Gründungsurkunden:

Sie müssen sich bei der Regierung registrieren lassen, um ein offiziell anerkanntes Unternehmen zu werden. Für Kapitalgesellschaften ist eine "Gründungsurkunde" erforderlich, die den Namen Ihres Unternehmens, den Auftrag, die Unternehmensstruktur, Informationen zum Aktienbesitz und andere Fakten enthält. Ebenso müssen bestimmte Gesellschaften mit beschränkter Haftung (LLCs) eine Betriebsvereinbarung aufsetzen.

Geschäftlich tätig als (DBA)

Wenn Sie keine Gründungsurkunde oder ein rechtliches Dokument haben, müssen Sie Ihren Firmennamen registrieren lassen. Das kann Ihr rechtmäßiger Name, ein gefälschter DBA-Name (wenn Sie Alleininhaber sind) oder ein von Ihnen entwickelter Name sein. Vielleicht möchten Sie Ihren Firmennamen als Marke eintragen lassen, um ihn rechtlich besser zu schützen. Ein DBA ist in den meisten Staaten erforderlich. Möglicherweise müssen Sie eine DBA-Lizenz beantragen, wenn Sie eine offene Handelsgesellschaft oder ein Einzelunternehmen sind, das unter einem falschen Namen arbeitet. Es ist ratsam, sich über die spezifischen Kriterien und Gebühren zu erkundigen, indem Sie sich an Ihr örtliches Bezirksamt wenden oder es besuchen. In den meisten Fällen fallen Registrierungskosten an.

Identifikationsnummer des Arbeitgebers (EIN)

Nach der Anmeldung Ihres Unternehmens benötigen Sie möglicherweise eine Arbeitgeber-

Identifikationsnummer vom Finanzamt. Für Einzelunternehmen ohne Angestellte ist sie zwar nicht erforderlich, aber Sie sollten sie sicherheitshalber beantragen. Es ist besser, Ihre persönlichen und geschäftlichen Steuern und Ausgaben getrennt zu halten, um sich den Ärger zu ersparen, wenn Sie später jemanden einstellen wollen. Das Finanzamt stellt eine Checkliste zur Verfügung, mit deren Hilfe Sie herausfinden können, ob Sie eine EIN benötigen, um Ihr Unternehmen zu führen. Sie können eine EIN kostenlos erwerben, wenn Sie eine benötigen.

Einkommensteuer-Formulare.

Um den Anforderungen der Einkommensteuer auf Bundes- und Landesebene gerecht zu werden, müssen Sie zusätzlich bestimmte Dokumente einreichen. Die Struktur Ihres Unternehmens bestimmt, welche Formulare Sie benötigen. Informationen über landesspezifische und lokale Steuerpflichten finden Sie auf der Website Ihres Bundeslandes. Sie sind vielleicht geneigt, es mit einem Bankkonto und einem Tool für soziale Netzwerke zu übertreiben, aber Ihr Unternehmen wird auf lange Sicht weniger Probleme haben, wenn Sie mit einem starken Fundament beginnen.

Lizenzen und Genehmigungen auf Bundes-, Landes- und Kommunalebene.

Einige Unternehmen benötigen für ihre Tätigkeit Lizenzen und Genehmigungen auf Bundes-, Landes- oder Gemeindeebene. Ihr örtliches Rathaus ist der ideale Ort, um eine Unternehmenslizenz zu erhalten. In der Datenbank der SBA können Sie nach Bundesland und Art des Unternehmens die erforderlichen Genehmigungen abfragen. Berufszulassungen sind für Unternehmen und unabhängige Freiberufler in verschiedenen Berufen erforderlich. Eine CDL berechtigt zum Führen bestimmter Fahrzeugtypen, darunter Busse, Tankwagen und Sattelschlepper. Es gibt drei Arten von CDLs: Class A, Class B und Class C. Erkundigen Sie sich immer bei Ihrer Stadt und Ihrem Bundesland, ob eine Verkaufsgenehmigung erforderlich ist, die es Ihrem Unternehmen erlaubt, von Kunden Umsatzsteuer zu erheben. Wiederverkaufsgenehmigung, Wiederverkaufsgenehmigung, Lizenz, Wiederverkaufsgenehmigung, Wiederverkaufs-ID, staatliche Steueridentifikationsnummer, Wiederverkaufsnummer, Wiederverkaufslizenzgenehmigung oder Autoritätszertifikat sind alles Begriffe, die zur Beschreibung einer Verkäufergenehmigung verwendet werden. Es sei darauf hingewiesen, dass sich diese Vorschriften und Begriffe von Staat zu Staat unterscheiden. Sie können einen Verkäuferausweis auf der Website der Regierung des Bundesstaates beantragen, in dem Sie geschäftlich tätig werden möchten. "In New York beispielsweise unterliegen die meisten Dienstleistungen (wie professionelle Dienstleistungen, Bildung und Renovierung von Immobilien), Medikamente und Lebensmittel für den Hausgebrauch nicht der Umsatzsteuer", erklärt Jordan. "Wenn Ihr Unternehmen zum Beispiel ausschließlich Medikamente verkauft, benötigen Sie keine New Yorker Verkaufsgenehmigung. Der Verkauf von neuen Sachgütern, Versorgungsleistungen, Telefondienstleistungen, Hotelübernachtungen sowie Nahrungsmitteln und

Getränken (in Restaurants) muss jedoch der New Yorker Verkaufssteuer unterworfen werden."

5. Abschluss einer Versicherungspolice.

Es mag Ihnen entgehen, als ob Sie das später "nachholen" würden, aber der Abschluss der notwendigen Versicherungen für Ihr Unternehmen ist ein wichtiger Schritt, den Sie tun sollten, bevor Sie anfangen. Der Umgang mit Missgeschicken wie Sachschäden, Diebstahl oder sogar einer Verbraucherklage kann teuer werden, daher müssen Sie sicher sein, dass Sie versichert sind. Obwohl es verschiedene Unternehmensversicherungen gibt, können die meisten kleinen Unternehmen von einigen grundlegenden Versicherungsplänen profitieren. Wenn Ihr Unternehmen beispielsweise Angestellte hat, müssen Sie eine Arbeiterunfallversicherung und eine Arbeitslosenversicherung abschließen. Je nach Region und Branche benötigen Sie möglicherweise zusätzlichen Versicherungsschutz, aber den meisten kleinen Unternehmen wird empfohlen, eine allgemeine Haftpflichtversicherung abzuschließen, die auch als Police für Firmeninhaber bekannt ist. Sach- und Personenschäden, die Sie selbst oder Dritte erleiden, sind durch die Haftpflichtversicherung abgedeckt. Wenn Ihr Unternehmen eine Dienstleistung erbringt, sollten Sie über den Abschluss einer Berufshaftpflichtversicherung nachdenken. Diese Versicherung schützt Sie im Falle eines Fehlers oder eines Versäumnisses, das Sie bei der Führung Ihres Unternehmens hätten begehen müssen.

6. Bauen Sie Ihr Team auf.

Wenn Sie nicht alleiniger Eigentümer sind, müssen Sie andere Mitarbeiter einstellen, die Ihnen helfen, Ihr

Unternehmen rentabel zu machen. Laut Joe Zawadzki, CEO und Gründer von MediaMath, müssen Unternehmer dem "menschlichen" Aspekt ihres Unternehmens die gleiche Aufmerksamkeit schenken wie ihren Produkten. "Die Menschen sind die Konstrukteure Ihrer Produkte", erklärt Zawadzki. "Die Identifizierung Ihres Gründerteams, die Feststellung, welche Lücken bestehen, und die Entscheidung, wie und wann diese zu füllen sind, sollten Ihre obersten Prioritäten sein. Es ist auch wichtig, dass Sie festlegen, wie das Team kommunizieren wird. Die Festlegung von Aufgaben und Pflichten sowie die Arbeitsteilung, die Art und Weise, wie man Feedback gibt und wie man miteinander umgeht, wenn sich nicht alle im selben Raum befinden, kann Ihnen viel Zeit und Stress ersparen."

7. Wählen Sie Ihre Anbieter.

Die Führung eines Unternehmens ist komplex, und Sie und Ihre Mitarbeiter können wahrscheinlich nicht alles allein bewältigen. Drittanbieter können Ihnen dabei helfen. Von der Personalverwaltung bis hin zu Telefonanlagen für Unternehmen gibt es in jedem Bereich Unternehmen, die mit Ihnen zusammenarbeiten möchten. Diese Unternehmen können Ihrem Unternehmen helfen, effizienter zu arbeiten. Bei der Suche nach B2B-Partnern müssen Sie sehr wählerisch sein. Diese Unternehmen haben Zugang zu wichtigen und möglicherweise sensiblen Geschäftsinformationen, also suchen Sie jemanden, dem Sie vertrauen können. Unsere professionellen Quellen raten dazu, potenzielle Anbieter nach ihrer Erfahrung in Ihrem Sektor zu befragen, nach dem Wachstum, das sie bei früheren Kunden erzielt haben, und nach ihrer Erfolgsbilanz bei ihren aktuellen Kunden - das ist es, was uns bei der Auswahl unserer Geschäftspartner hilft. Obwohl nicht alle Unternehmen die gleichen Anbieter benötigen, gibt es einige Produkte und Dienstleistungen, die praktisch alle Unternehmen benötigen. Betrachten Sie die folgenden Funktionen, die für jedes Unternehmen notwendig sind.

- Entgegennahme von Verbraucherzahlungen: Durch die Bereitstellung zahlreicher Zahlungsmöglichkeiten können Sie sicherstellen, dass Sie den Verkauf für Ihren Zielkunden so bequem wie möglich abwickeln können. Um sicherzustellen, dass Sie die höchsten Kosten für Ihre Art von Geschäft erhalten, müssen Sie die Möglichkeiten bewerten und den richtigen Anbieter für die Kreditkartenabwicklung auswählen.

- Verwaltung der Finanzen: Einige Geschäftsinhaber können ihre Buchhaltungsaufgaben selbst erledigen, wenn sie ihr Unternehmen gründen. Sparen Sie jetzt Zeit, indem Sie einen Buchhalter oder eine Buchhaltungssoftware engagieren, die Sie bei der Expansion Ihres Unternehmens unterstützt.

8. Sich selbst vermarkten und werben.

Es ist auch wichtig, dass Sie festlegen, wie das Team kommunizieren wird - welche Aufgaben und Pflichten es hat, wie die Arbeit aufgeteilt wird, wie man Feedback gibt und wie man miteinander umgeht, wenn nicht alle im selben Raum sind. Das kann Ihnen in Zukunft Stress und Zeit ersparen.

- Die Website des Unternehmens Erstellen Sie eine Unternehmenswebsite, die auf Ihrem Ruf im Internet basiert. Viele Kunden nutzen das Internet, um mehr über ein Unternehmen zu erfahren, und eine Website dient als digitaler Nachweis für die Existenz Ihres Unternehmens. Sie ist auch eine hervorragende Möglichkeit, mit bestehenden und zukünftigen Kunden in Kontakt zu treten.

- Nutzung von sozialen Netzwerken. Nutzen Sie digitale Plattformen, um Informationen über Ihr Unternehmen zu verbreiten, und nutzen Sie sie als Marketingplattform, um Ihren Abonnenten Angebote und Aktionen zu unterbreiten, sobald Sie begonnen haben. Ihre Zielgruppe wird die für sie akzeptabelsten sozialen Medien auswählen.

- CRM: Kundendaten können in einer CRM-Software gespeichert werden, damit Sie die Kundenansprache verbessern können. Eine gut geplante Strategie kann Ihnen helfen, Kunden zu erreichen und mit ihnen zu kommunizieren. Um effektiv zu sein, müssen Sie Ihre E-Mail-Marketing-Kontaktliste strategisch erstellen.

- Logo: Entwerfen Sie ein Logo, mit dem die Verbraucher Ihr Unternehmen schnell erkennen können, und verwenden Sie es einheitlich auf allen Ihren Kanälen.

Pflegen Sie diese digitalen Assets, indem Sie regelmäßig relevante, unterhaltsame Inhalte über Ihr Unternehmen und Ihre Branche hinzufügen. Laut Ruthann Bowen, Chief Marketing Officer bei East Camp Creative, haben zu viele Unternehmer die falsche Einstellung zu ihren Websites. "Das Problem ist, dass sie ihre Website als Kostenfaktor und nicht als Investition betrachten", erklärt Bowen. "Das ist im heutigen digitalen Zeitalter ein enormer Fehler. Kleinunternehmer, die die Bedeutung einer soliden Internetpräsenz erkennen, haben einen Vorteil, wenn sie einen guten Start hinlegen. Dieses Verfahren ist ebenso wichtig wie das Anbieten eines hochwertigen Produkts oder einer Dienstleistung, vor allem zu Beginn.

Kunden sollten gebeten werden, sich für den Erhalt von Marketing-Informationen von Ihnen zu entscheiden:

Bitten Sie Ihre derzeitigen und künftigen Kunden um die Erlaubnis, mit ihnen zu kommunizieren, während Sie Ihre Marke aufbauen. Die Verwendung von Opt-in-Formularen ist der einfachste Weg, dies zu erreichen. Laut dem Gründer und CEO von Dronegenuity handelt es sich dabei um "Zustimmungserklärungen", die von Online-Nutzern erteilt werden. Diese Erlaubnis erlaubt es Ihnen, sie mit zusätzlichen Informationen über Ihr Unternehmen zu kontaktieren. "Diese Art von Formularen wird regelmäßig im E-Commerce verwendet, um die Erlaubnis zu erhalten, Newsletter, Marketingmaterialien,

Produktverkäufe und andere Informationen an Kunden zu senden", so Edmonson weiter. "Heutzutage erhalten die Menschen so viele Spam-E-Mails und andere Nachrichten, dass es Ihnen hilft, bei ihnen Vertrauen zu schaffen, wenn Sie sie auf unkomplizierte Weise dazu bringen, sich für Ihre Dienste zu entscheiden. Opt-in-Formulare sind auch ein guter Ausgangspunkt, wenn es darum geht, Vertrauen und Respekt bei Ihren potenziellen Kunden aufzubauen. Noch wichtiger ist jedoch, dass diese Dokumente rechtlich erforderlich sind. Der CAN-SPAM Act der Federal Trade Commission aus dem Jahr 2003 legt Vorschriften für kommerzielle E-Mails fest. Dem Gesetz zufolge gilt diese Regel für alle kommerziellen Nachrichten, die als "jede elektronische E-Mail-Nachricht, deren Hauptziel die kommerzielle Werbung oder Förderung eines kommerziellen Produkts oder Dienstes ist", definiert sind. Für jede E-Mail, die gegen das Gesetz verstößt, werden Geldstrafen von mehr als 40.000 Dollar verhängt.

9. Wachsen Sie Ihr Unternehmen.

Als Unternehmer sind Ihr Start und Ihre ersten Verkäufe nur der Anfang. Sie müssen Ihr Unternehmen kontinuierlich ausbauen, um einen Gewinn zu erzielen und sich über Wasser zu halten. Das kostet Zeit und Mühe, aber Sie werden zurückbekommen, was Sie in Ihr Unternehmen investiert haben. Die Zusammenarbeit mit bekannteren Unternehmen in Ihrem Bereich ist eine hervorragende Strategie, um Ihr Geschäft zu erweitern. Bitten Sie andere Unternehmen um eine Werbeaktion im Gegenzug für ein kostenloses Produktmuster oder eine Dienstleistung. Schließen Sie sich mit einer Wohltätigkeitsorganisation zusammen, um Ihren Namen bekannt zu machen, und spenden Sie einen Teil Ihrer Zeit oder Produkte an die Wohltätigkeitsorganisation. Diese Hinweise können Ihnen zwar bei der Gründung Ihres Unternehmens und bei der Vorbereitung seiner Entwicklung helfen, aber einen perfekten Geschäftsplan gibt es nicht. Sie müssen immer sicherstellen, dass Sie Ihre Hausaufgaben gemacht haben, bevor Sie ein Unternehmen gründen. Es gibt zwangsläufig Dinge, die schief gehen. Um ein erfolgreiches Unternehmen zu führen, muss man sich stets an die sich ändernden Umstände anpassen und sie überwinden.

"Seien Sie bereit, sich zu verändern", mahnt Stephanie Murray, die Gründerin von Fiddlesticks Party + Supply. "Beim Militär gibt es ein Sprichwort, das besagt, dass 'kein Plan den ersten Kontakt überlebt', was bedeutet, dass man den besten Plan der Welt haben kann, aber sobald er in Aktion ist, ändern sich die Dinge, und man muss immer bereit sein, sich anzupassen und Probleme schnell zu lösen." Als Unternehmer schaffen Sie einen Mehrwert, indem Sie Probleme angehen, ob es sich nun um Probleme handelt, die Ihr Produkt oder Ihre Dienstleistung für andere löst, oder um Probleme, die Sie innerhalb Ihres Unternehmens lösen."

Häufig gestellte Fragen zur Gründung eines Unternehmens.

Was kann ich tun, wenn ich kein Geld habe, um ein Unternehmen zu gründen?

Auch ohne einen anfänglichen Zufluss von Geld können Sie ein erfolgreiches Unternehmen gründen. Arbeiten Sie an einem Unternehmensplan, der Ihre Fähigkeiten nutzt, um ein einzigartiges und innovatives Produkt auf den Markt zu bringen. Um das finanzielle Risiko bei der Gründung eines neuen Unternehmens zu verringern, sollten Sie Ihre derzeitige Stelle (oder Ihren

"Tagesjob") beibehalten. Sobald Sie Ihre Geschäftsidee entwickelt haben und bereit sind, mit der Ausarbeitung eines Geschäftsplans zu beginnen, müssen Sie bei der Finanzierung erfinderisch sein. Sie können Geldmittel durch Investitionen beschaffen, indem Sie Ihr Konzept finanziellen Unterstützern vorstellen. Sie können auch Crowdsourcing-Dienste wie Kickstarter nutzen, um Geld zu beschaffen, oder einen Teil Ihres wöchentlichen Gewinns beiseite legen, um in ein neues Unternehmen zu investieren. Und schließlich können Sie sich bei Banken und anderen Finanzinstituten nach Darlehensmöglichkeiten umsehen, die Ihnen helfen, Ihr Unternehmen auf die Beine zu stellen.

Was ist die einfachste Art der Unternehmensgründung?

Die einfachste Art der Unternehmensgründung erfordert nur geringe oder gar keine finanziellen Vorleistungen und setzt keine besonderen Fachkenntnisse voraus. Ein Dropshipping-Unternehmen ist eine der unverwechselbarsten Arten von Unternehmensgründungen. Mit dem Streckengeschäft entfällt die Notwendigkeit der Bestandsverwaltung, so dass Sie sich die Zeit und den Aufwand für den Kauf, die Aufbewahrung und die Verfolgung des Bestands sparen. Stattdessen wird ein anderes Unternehmen die Bestellungen Ihrer Kunden auf Ihren Wunsch hin ausführen. Dieses Unternehmen kümmert sich um den Bestand, die Verpackung und den Versand Ihrer Geschäftsaufträge. Sie können ein Online-Geschäft aufbauen, indem Sie Produkte aus einem Katalog zusammenstellen, der von Partnern zur Verfügung gestellt wird, um zu beginnen.

Wann ist der beste Zeitpunkt, um ein eigenes Unternehmen zu gründen?

Jeder Mensch hat seinen eigenen Zeitplan für die Gründung eines neuen Unternehmens. In erster Linie sollten Sie ein Unternehmen gründen, wenn Sie die nötige Freizeit dafür haben. Wenn Sie einen zyklischen Artikel oder eine zyklische Marke haben, sollten Sie Ihr eigenes Unternehmen ein Quartal vor der voraussichtlichen Hochsaison gründen. Frühling und Herbst sind attraktive Jahreszeiten für die Gründung von Unternehmen außerhalb der Saison. Die meisten neuen Unternehmen werden nicht im Winter gegründet, weil viele neue Eigentümer ihre GmbH oder ihr Unternehmen für ein neues Geschäftsjahr genehmigen lassen wollen, bevor sie offiziell starten.

Kapitel no.2

Ein Unternehmen ohne Geld gründen.

Um ein neues Unternehmen zu gründen, ist ein bestimmter Kapitalbetrag erforderlich. Je nach Geschäftsmodell und Geschäftsplan variiert der für die Gründung eines Unternehmens benötigte Geldbetrag. Das in das Unternehmen investierte Geld hat dagegen wenig mit dem Erfolg oder der potenziellen Größe des Unternehmens zu tun. Infosys zum Beispiel, das 1981 mit einer Investition von 250 Dollar (15000 Rupien) begann, ist heute ein weltweit tätiges Unternehmen im Wert von 8,64 Milliarden Dollar (54000 Rupien). Wenn Sie also ein Unternehmer mit kleinem Budget sind, können Sie ein Unternehmen gründen, indem Sie die folgenden Schritte befolgen.

LLP-Registrierung mit EMI-Option.

Die Gründung eines neuen Unternehmens ist der erste Schritt bei der Aufnahme einer Geschäftstätigkeit. Die Gründung einer juristischen Person würde es einfacher machen, ein Bankkonto für das Unternehmen einzurichten, Steueranmeldungen zu erhalten und Kunden Rechnungen zu stellen.

Auf E-Commerce-Portalen verkaufen.

Es ist ganz einfach, ein Verkäufer bei Flipkart oder Snapdeal zu werden, sobald Ihr Unternehmen registriert ist. Die Artikel "Verkäufer werden bei Flipkart" und "Verkäufer werden bei Snapdeal" enthalten ausführliche Anleitungen, wie Sie Verkäufer auf einer bekannten eCommerce-Plattform werden können. Wenn Sie Verkäufer auf einer bekannten eCommerce-Plattform wie Flipkart, Snapdeal oder Amazon werden, erhalten Sie schnellen Zugang zu vielen potenziellen Käufern. Da sich die eCommerce-Plattform außerdem um Marketing, Technologie und Versand kümmert, können Sie schnell Geld verdienen.

Beginn der Bereitstellung von Dienstleistungen.

Die Gründung eines dienstleistungsbasierten Unternehmens kostet häufig relativ wenig Kapital und lässt sich leicht ausbauen. Agenturen für digitales Marketing, medizinische Transkription, Web-Entwicklung, Nachhilfe und andere ähnliche Unternehmen benötigen sehr wenig Geld und Infrastruktur, um zu starten. Daher sind kleine

Unternehmen, die Dienstleistungen anbieten, von der Besteuerung ihrer Kunden befreit, was ihnen einen Vorteil gegenüber größeren Unternehmen verschafft. Auf Plattformen wie Elance und Freelancer können Sie ebenfalls viele Kunden finden, wenn Sie ein Dienstleistungsunternehmen gründen möchten.

Geschäftsplan.

Das Schreiben eines Geschäftsplans ist ein hervorragender Ausgangspunkt, wenn Sie ein brillantes Unternehmenskonzept haben, aber kein Geld, um es in die Tat umzusetzen. Private Equity-Firmen und Angel-Investoren, die die nächste große Idee finanzieren wollen, sind nicht mehr auf Geld angewiesen, um ein Unternehmen zu finanzieren. Daher ist es wichtig, einen soliden Geschäftsplan und eine Pitch-Präsentation zu erstellen, um Freunden, Familie und potenziellen Investoren das Konzept zu erläutern. Regelmäßige Pitch-Präsentationen werden auch von Foren wie Tie-on, CII, FICCI und anderen abgehalten, bei denen Sie sich einfach an potenzielle Investoren wenden können. Wenn Sie also ein Unternehmen ohne Geld gründen wollen, schreiben Sie einen Geschäftsplan und bereiten Sie sich auf eine Präsentation vor.

Staatliche Programme.

Bundes- und Landesregierungen bieten Programme an, um Unternehmen der ersten Generation zum Erfolg zu verhelfen. Diese Programme bieten Unternehmern eine Anschubfinanzierung und den notwendigen Bankkredit, um ein Unternehmen zu gründen. Einige der Strategien, die dies ermöglichen, sind im Folgenden aufgeführt. Unternehmer, die nur über geringe finanzielle Mittel verfügen, können sich auch bei der örtlichen Behörde nach staatlichen Startfinanzierungsprogrammen erkundigen, um Ideen für die Gründung eines neuen Unternehmens ohne Geld zu finden.

Um ein Unternehmen zu gründen, brauchen Sie nicht unbedingt eine große Menge an Geld. In der Tat kann man manchmal auch mit deutlich weniger Geld anfangen. (Ja!), Sie brauchen mehr als nur einen Zufluss von Bargeld, um Ihr neues Unternehmen zu gründen und wachsen zu lassen. Wahrscheinlich brauchen Sie Partner, Investoren und einen festen Plan, wie Sie Ihr neues Startkapital für die Expansion verwenden werden. Wenn Sie zum ersten Mal anfangen, sollten Sie jedoch bescheiden anfangen. Besser noch: Sie können mit so wenig anfangen, wie Sie wollen. Wenn Sie mit dem Verkauf Ihrer handgefertigten Artikel beginnen möchten, können Sie diese zunächst an Freunde und Verwandte verkaufen. So können Sie sich einen Namen machen und erste Rückmeldungen erhalten. Dann können Sie sie im Internet über eine Website Dritter verkaufen. Dann können Sie Ihre Website und Ihr Geschäft hosten. Sie verstehen, worauf ich hinaus will. Wenn Sie sich nicht sicher sind, wo Sie anfangen sollen, wenn Sie ohne Geld ein Unternehmen gründen, hier ein paar Vorschläge.

Überlegen Sie, was Sie kostenlos kaufen und tun können:

Es ist einfach, eine Liste von Hürden zu erstellen, die Ihnen bei der Gründung Ihres Unternehmens im Wege stehen. Eine Liste der verschiedenen Möglichkeiten zu erstellen, die sich direkt vor Ihnen befinden, ist häufig eine größere Herausforderung. Wenn Ihnen die Aussicht, ein Unternehmen ohne Geld zu gründen, Unbehagen bereitet, nehmen Sie sich einen Moment Zeit und überlegen Sie, worauf Sie im Moment verzichten können.

Was sind die wichtigsten Bestandteile Ihres Unternehmens? Brauchen Sie eine schicke, individuell gestaltete Website, wenn Sie nur drei Artikel für Ihren neuen Shop haben? Könnten Sie stattdessen eine Facebook-Seite einrichten, um für Ihr lokales Geschäft zu werben? Oder wäre es für Sie praktischer, Ihre Artikel auf einer Plattform wie Etsy zu verkaufen? Könnten Sie sich vorstellen, Canva zu nutzen, um Ihre Werbematerialien zu entwickeln? Könnten Sie Ihre Dienstleistungen, Produkte oder Ressourcen mit jemandem tauschen, anstatt dafür bezahlt zu werden? Es wäre übertrieben zu sagen, dass es im Internet eine Vielzahl von kostenlosen Informationen gibt. Erstellen Sie eine Liste mit allem, was Sie für Ihre Gruppe benötigen, und suchen Sie dann im Internet nach Alternativen. Das kann einige Zeit in Anspruch nehmen, und Sie müssen sich möglicherweise neue digitale Fähigkeiten aneignen, aber Sie werden Einkommen sparen, wenn Sie es am meisten brauchen.

Legen Sie die Ausgaben von sechs Monaten auf Ihrem Sparkonto zurück:

Geld auf dem Sparkonto anzunehmen, ist sicherlich nicht optimal. Aber es ist eine relativ übliche Einstellung unter Unternehmern. Seien Sie bei der Ausarbeitung Ihrer Unternehmensstrategien ehrlich zu sich selbst, wenn es darum geht, wie viel Einkommen Sie ausgeben und wie viel Geld Sie wahrscheinlich einnehmen werden. Seien Sie dann offen, wie lange Sie brauchen werden, um einen Gewinn zu erzielen. In der Regel dauert es mindestens sechs Wochen, bis Sie überhaupt einen Geldfluss sehen. Setzen Sie sich das Ziel, Geld für die Lebenshaltungskosten von sechs Monaten beiseite zu legen, damit Sie sich auf Ihr neues Vorhaben konzentrieren können.

Bitten Sie Ihre Freunde und Verwandten um zusätzliche Spenden:

Denken Sie daran, dass Sie nicht um Unterstützung bitten. Sie bitten Ihre Familie und Freunde nicht darum, Ihre verrückte Geschäftsidee zu unterstützen. Nein, Sie haben eine großartige Geschäftsidee und eine solide Geschäftsstrategie. Sie haben alle Punkte auf der Habenseite. Wenn Sie Ihr Angebot machen, müssen Sie sich an die Menschen wenden, die Ihnen am nächsten stehen. Nutzen Sie Ihre Freunde und Ihre Familie als die Ressource, die sie sind. Üben Sie mit Ihren Freunden und Ihrer Familie Ihr Verkaufsgespräch. Erkundigen Sie sich nach Kommentaren. Wenn Sie bereit sind, Ihr Unternehmen zu gründen, fragen Sie sie, ob sie Ihnen mit einem kleinen Kredit helfen können, um es auf den Weg zu bringen. Achten Sie immer darauf, dass Sie sich alles schriftlich geben lassen und genau wissen, wann Sie den Kredit zurückzahlen werden. Nutzen Sie auch ein Crowdfunding-Tool, um Personen in Ihrem persönlichen Netzwerk zu ermutigen, sich an Ihrer großartigen Geschäftsidee zu beteiligen.

Wenn Sie zusätzliche Mittel benötigen, beantragen Sie einen Kredit für kleine Unternehmen.

Ziehen Sie einen Kredit für ein kleines Unternehmen in Betracht, wenn Sie mehr Mittel benötigen und mit einem knappen Budget arbeiten. Kunden, die zusätzlichen Cashflow oder Investitionsgelder benötigen, können verschiedene Kredite für kleine Unternehmen von Banken und Online-Kreditgebern erhalten. Bei einer traditionellen Bank erhalten Sie in der Regel bessere Konditionen. Online-Kreditgeber hingegen sind bei ihren Standards liberaler. Achten Sie aber auf die hohen Zinssätze. Ziehen Sie einen Firmenkredit in Betracht, wenn Sie keinen großen Pauschalkredit benötigen. Kurz gesagt, sind sie so etwas wie Geschäftskreditkarten. Sie sind eine gute Möglichkeit, um Dinge zu kaufen, wenn sie gebraucht werden.

Zuschüsse für kleine Unternehmen und lokale Finanzierungsmöglichkeiten sind gute Ausgangspunkte:

Zuschüsse für kleine Unternehmen sind nicht immer leicht zu finden oder zu erhalten. Sobald Sie jedoch Ihr Unternehmen auf die Beine gestellt haben (und sei es noch so klein), können Sie sich ernsthaft auf die Suche nach kostenlosem Geld machen. Denken Sie daran, dass die meisten Auszeichnungen bestimmte Bewerbungsvoraussetzungen haben. Solange Sie diese Anforderungen erfüllen, haben Sie die Chance auf einen Geldpreis, der Ihnen allein gehört. Beginnen Sie mit der Suche in staatlichen Datenbanken, und vergessen Sie nicht, sich an Ihre örtliche Organisation für kleine Unternehmen zu wenden.

Informieren Sie sich über potenzielle Angel-Investoren und werben Sie um sie:

Angel-Investoren sind Ihnen wahrscheinlich ein Begriff, und das aus gutem Grund. Spielen Sie mit, wenn es an der Zeit ist, Ihr Unternehmen über Sie selbst und die wenigen Freunde und Familienmitglieder, die investiert haben, hinaus zu erweitern. Angel-Investoren sind häufig die ersten Außenstehenden, die in ein Unternehmen investieren. Anders als externe Unternehmen oder andere Risikokapitalgeber stellen Angel-Investoren ihr eigenes Geld zur Verfügung. Da viele von ihnen ehemalige oder aktuelle Unternehmer sind, können sie auch hervorragende Mentoren sein.

Kapitel no.3

Ein Unternehmen gründen (ohne Erfahrung)

Das Unternehmen hat einen erheblichen Einfluss auf Ihr Leben und das Leben derer, die Ihnen wichtig sind. Bevor Sie jedoch ein Unternehmen leiten können, müssen Sie zunächst lernen, wie man ein Unternehmen aufbaut. Wenn Sie es noch nie getan haben, kann die Entscheidung, wie Sie ein lokales Unternehmen gründen, ein entmutigendes Unterfangen sein. Glücklicherweise haben viele andere Geschäftsleute den Weg hinter sich, aber Sie können von den Erfolgen ihrer gescheiterten Unternehmen lernen. Die folgenden 12 Schritte zur Gründung eines Unternehmens sollen Ihnen helfen. Dies kann von der Erforschung Ihres Konzepts über Ihren Versandplan bis hin zur Gründung Ihres Unternehmens reichen. Dies wird Ihnen bei Ihrem ersten Geschäft bis zu Ihrem 30.

Was ist der beste Weg, ein kleines Unternehmen zu gründen?

1. Entwickeln Sie ein Geschäftskonzept.
2. Wählen Sie einen Firmennamen
3. Testen Sie Ihr Produktkonzept
4. Erstellen Sie einen Geschäftsplan.
5. Entwickeln Sie Ihr Produkt oder Ihre Dienstleistung
6. Bringen Sie Ihre Finanzen in Ordnung
7. Entscheiden Sie sich für eine Unternehmensstruktur.

8. Informieren Sie sich über staatliche Genehmigungen und Gesetze.
9. Wählen Sie Ihre Werkzeuge
10. Suchen Sie einen Unternehmensstandort.
11. Legen Sie ein Arbeitspensum und eine Teamgröße fest.
12. Beginnen Sie Ihr Unternehmen.

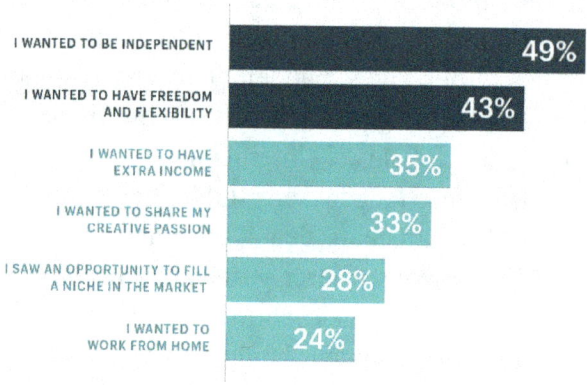

- **Eine Geschäftsidee finden.**

Der erste Schritt bei der Gründung eines Internetunternehmens besteht darin, zu bestimmen, welches Unternehmen Sie führen wollen. Die Suche nach Ideen für kleine Unternehmen ist ein Prozess, den Sie systematisch angehen können, indem Sie sich auf bewährte Strategien stützen, die sich für frühere Unternehmer als nützlich erwiesen haben. Ganz gleich, ob Sie ein kostengünstiges Nebengeschäft aufbauen oder Ihr Konzept voll ausschöpfen wollen, die schnellste Methode, ein Produkt zum Verkauf auszuwählen, besteht darin, mehr Fragen zu stellen:

A. Ausmaß der möglichen Chance?

Kleine Märkte werden von Unternehmern häufig abgelehnt. Die Größe Ihres Marktes sollte zwar Ihren Unternehmenszielen entsprechen, aber es gibt noch einige andere Faktoren, die die Größe der Chancen einer Nische bestimmen. Wenn Ihre Produktkategorie beispielsweise nur eine kleine Anzahl aktiver Verbraucher hat, aber einen hohen Preis, der einen Wiederkauf erforderlich macht, dann ist das ein attraktives Potenzial, das Gründer, die sich auf die Marktgröße konzentrieren, übersehen würden. Allerdings sind die Kosten für die Gewinnung von Kunden heutzutage nicht gerade günstig. Die größten Chancen haben Produktkategorien, bei denen Sie wiederkehrende Käufe tätigen können, entweder durch Abonnements oder (eventuell) durch Upselling und Cross-Selling ergänzender Produkte an Kunden. Das kann später geschehen, aber behalten Sie diese Möglichkeit im Hinterkopf, während Sie die Optionen prüfen. Daneson ist ein Unternehmen, das hochwertige Zahnstocher herstellt und vertreibt. Die winzige Marktgröße wird sich auf die künftigen Einnahmen auswirken, aber als Spezialmarke könnte Daneson in der Lage sein, sich diesen Bereich zu eigen zu machen, indem es die richtigen Kunden anspricht und sie kostengünstig akquiriert.

B. Trend, Modeerscheinung oder wachsender Markt.

Eine der wirksamsten Strategien zur Gründung eines Unternehmens ist die vorherige Erforschung des Marktes. Die Richtung eines Marktes ist wichtiger als sein aktueller Zustand. Wenn Sie wollen, dass Ihr Unternehmen floriert, sollten Sie daran denken, dass es genauso wichtig ist zu verstehen, wie sich ein Sektor heute entwickelt, wie er in Zukunft wachsen wird. Ist Ihr Produkt oder Ihre Nische eine Modeerscheinung, ein Trend, ein stabiler Markt oder ein aufstrebender Markt?

1. **Modeerscheinung.** Etwas, das für eine kurze Zeit populär wird und dann wieder verschwindet. Eine Modeerscheinung kann gewinnbringend sein, wenn man den richtigen Zeitpunkt für den Ein- und Ausstieg wählt, aber das ist unmöglich vorherzusagen und kann zu einer Tragödie führen.

2. **Trend.** Ein Trend ist ein längerfristiger Weg, den der Markt für ein Produkt einzuschlagen scheint. Er breitet sich nicht so schnell aus wie eine Modeerscheinung, hält länger an und verliert nicht so schnell an Bedeutung.

3. **Stabil.** Ein stabiler Markt ist nicht von Schocks und Erschütterungen betroffen. Er ist weder rückläufig noch wachsend, sondern bleibt im Laufe der Zeit konstant.

4. **Wachsend.** Ein steigender Markt hat eine konstante Expansion und zeigt Anzeichen für eine langfristige oder dauerhafte Veränderung des Marktes.

C. Was ist Ihre Konkurrenz?

Wie sieht die Marktsituation Ihres Unternehmens aus? Gibt es eine große Anzahl von Konkurrenten oder nur einen kleinen Teil? Wenn es in Ihrem Gebiet mehrere konkurrierende Unternehmen gibt, ist dies in der Regel ein Hinweis darauf, dass die Branche gut etabliert ist; dies ist hervorragend, um die Nachfrage zu sichern, bedeutet aber auch, dass Sie Ihr Angebot (bis zu einem gewissen Grad) differenzieren müssen, um die Aufmerksamkeit der Kunden zu gewinnen.

D. Beschränkungen und Vorschriften?

Wer ein kleines Unternehmen gründen will, muss sich auch der rechtlichen Pflichten bewusst sein. Bevor Sie sich in einen Produktbereich wagen, sollten Sie sich über die geltenden Rechtsvorschriften und Grenzwerte informieren. Bestimmte chemische Produkte, Lebensmittel und Kosmetika können Beschränkungen unterliegen, die von dem Land, in das sie eingeführt werden, und von den Ländern, in die sie versandt werden.

- **Wählen Sie einen Firmennamen.**

Was steckt eigentlich in einem Titel? Zunächst einmal ist Ihr Firmenname ein grundlegender Aspekt Ihrer Werbung; er zeigt sich in allem, was Sie tun. Es gibt keinen Grund, es sich mit einem langweiligen, unklaren oder unbrauchbaren Firmennamen noch schwerer zu machen. Die Anfangsphase eines Unternehmens ist jedoch wandelbar, und im Grunde ist nichts in Stein gemeißelt. Sie müssen nicht unbedingt mit dem Namen leben, den Sie sich jetzt ausdenken. Bleiben Sie einfach und zielgerichtet: Denken Sie sich einen Namen für Ihr Unternehmen aus, der Ihre Arbeit repräsentiert, kurz und unverwechselbar ist und mit Ihrem Ziel und Ihrer Zukunftsperspektive übereinstimmt. Das ist keine einfache Aufgabe, aber mit ein bisschen Fantasie ist es möglich. Namensgeneratoren können Ihnen dabei helfen, eine erste Liste von Alternativen zu erstellen; der Rest liegt bei Ihnen. Es gibt ein paar bewährte Richtlinien, die Ihnen den Einstieg erleichtern. Hier sind einige weitere Optionen für einen akzeptablen und einprägsamen Firmennamen:

- Fassen Sie sich kurz und knapp und unmissverständlich. Wenn Sie Ihr Unternehmenskonzept bereits vorgestellt haben und die Leute Sie immer wieder bitten, den Namen zu wiederholen, ist das ein hervorragender Stolperdraht. So können sich die Leute leicht an Ihre Marke erinnern. Ein oder zwei Wörter sind schön, aber drei bis vier kurze Begriffe, die eine definierte Phrase bilden, können auch funktionieren. (Zum Beispiel: Store, Star Cadet)

- Haben Sie keine Angst davor, sich abzuheben. Überlegen Sie, ob Sie sich nicht über diese Klischees hinwegsetzen und in die entgegengesetzte Richtung schwenken sollten, wenn Ihre Marktforschung ergibt, dass alle Unternehmen in Ihrer Gegend ähnliche Namen zu haben scheinen oder auf ähnliche Elemente setzen; viele Unternehmen unterschätzen den Marketingvorteil der wilden Einzigartigkeit. Sie können jederzeit Intelligenz und Klarheit miteinander verbinden, indem Sie Ihren Namen an Ihre Produktlinie anpassen. (Beispiele hierfür sind Triggereffekt-Kaffee und Bodybuilder-Kleidung.)

- Einzigartig sein. Sie müssen sich vergewissern, dass Ihr Unternehmen nicht bereits von einem anderen Unternehmen, insbesondere einem Konkurrenten, verwendet wird. Führen Sie dazu eine kostenlose Markeneintragung in den Ländern durch, in denen Sie ein Unternehmen gründen wollen. Nutzen Sie auch eine Google-Suche und eine Suche in sozialen Netzwerken. Das Gleiche gilt für URLs; bevor Sie jedoch etwas registrieren, führen Sie eine schnelle Suche nach Domänennamen oder eine Suche nach dem Namen durch. (Wenn Sie sich immer noch unsicher sind, lassen Sie sich von einem unparteiischen Anwalt beraten, der auf Ihre Branche spezialisiert ist.)

- **Validieren Sie Ihre Produktidee.**

Alles, was Sie haben, ist eine Liste von Vorurteilen, bis die Leute Sie bezahlen. Marktforschung, Umfragen und Bemerkungen von Familienmitgliedern und Freunden können Ihnen den richtigen Weg weisen, aber das Klingeln des Geldautomaten ist die Visitenkarte der tatsächlichen Produktbestätigung. Ein paar erste Verkäufe sind die erste und wahrscheinlich beste Methode, um zu überprüfen, ob Ihr Produkt brauchbar und verkaufsfähig ist. Es gibt einige Techniken, die Ihnen helfen, Ihr Konzept zu validieren, während Sie noch daran arbeiten. Die meisten dieser Techniken konzentrieren sich immer auf eine einzige entscheidende Maßnahme: Ihr eigenes persönliches Engagement. Erlauben Sie den Early Adopters, sich zu engagieren, um zu zeigen, dass die Leute tatsächlich daran interessiert sind, Ihr Produkt zu kaufen, und nicht nur Ihr Ego füttern. Dieser Hang zur Schnelligkeit und zum Experimentieren kann Ihnen auf lange Sicht Geld sparen.

Es ist ein einfacher und offensichtlicher Ratschlag, der nur allzu oft übersehen wird: Stellen Sie sicher, dass Sie etwas verkaufen, das die Menschen begehren.

- Eröffnen Sie ein Geschäft, um Vorbestellungen anzunehmen. Überlegen Sie sich, ob Sie eine Produktgenehmigung einholen wollen, bevor Sie mit der Gründung Ihres Unternehmens beginnen. Das ist nur aufgrund von Vorbestellungen denkbar. Die Kunden haben sich daran gewöhnt, jetzt für ein Produkt zu bezahlen, das sie erst im Laufe der Zeit erhalten. Bevor Sie Ihre erste Inventarbestellung aufgeben, definieren und bewerben Sie, was Sie aufbauen, halten Sie Ihre Verpflichtungen ein und verbreiten Sie Ihr Netz.

- Starten Sie eine Crowdsourcing-Kampagne. Kickstarter ist kein Allheilmittel für Ihre finanziellen Schwierigkeiten, aber es ist ein praktischer Ansatz, um Geld von der besten potenziellen Quelle zu erhalten: Ihren Kunden. Es ist auch erwähnenswert, dass Kickstarter nicht der einzige Anbieter in der Stadt ist, was für Unternehmen, die außerhalb der beliebtesten Produktkategorien der Plattform arbeiten, von Vorteil ist.

- Der Verkauf von Produkten sollte persönlich erfolgen. Lokale Messen und Märkte eignen sich hervorragend, um bestimmte Produkte zu testen, z. B. hausgemachte Waren, indem man nur eine kleine Charge herstellt und sie persönlich an Kunden verkauft. Diese Methode war für Nimi Kular und ihr Familienunternehmen Jaswant's Kitchen entscheidend, als sie mit dem Verkauf ihrer selbstgemachten Lebensmittel begannen. "Der Verkauf auf einer Kunsthandwerksmesse oder einem lokalen Pop-up ist eine fantastische Möglichkeit, seine Geschichte zu erzählen, Feedback zu sammeln und potenziellen Kunden die Vorteile seines Produkts zu erklären", erklärt Nimi.

- Es gibt viele verschiedene Möglichkeiten, Ihre Produktideen zu prüfen, aber wenn Sie unsicher sind, sollten Sie sofort mit dem Verkauf beginnen. Zu schnelles Handeln hat auch Nachteile - wenn Sie versuchen, ein Produkt zu verkaufen, bevor es fertig ist, werden Sie lernen, dass die Verbraucher schreckliche Dinge nicht mögen. Unserer Erfahrung nach warten die meisten Unternehmer jedoch viel zu lange mit der Validierung ihrer Konzepte.

Bedenken Sie Folgendes: Wenn Ihr Unternehmen kundenorientiert ist, können Sie sich darauf verlassen, dass potenzielle Kunden Sie zum richtigen Produkt führen. Es gibt keine Alternative zum direkten, gezielten Feedback eines zahlenden Verbrauchers, egal wie intelligent Sie sind.

- **Schreiben Sie Ihren Geschäftsplan.**

Der nächste Schritt bei der Gründung eines Online-Unternehmens besteht darin, eine Geschäftsstrategie zu entwickeln. Die Ausarbeitung eines strategischen Plans kann Ihnen helfen, Ihr Konzept zu formalisieren und den Prozess der Unternehmensgründung zu beschleunigen, indem er Sie auffordert, sich zurückzulehnen und die Dinge sorgfältig zu durchdenken. Und obwohl Methoden nicht immer von Vorteil sind, sind sie doch unerlässlich. Viele Geschäftsleute werden Ihnen sagen, dass sie nach der Gründung kaum noch einen Blick auf ihren Geschäftsplan werfen - aber sie werden Ihnen auch sagen, dass es unerlässlich ist, Ihre Idee zu durchdenken und zu analysieren. Ihr Geschäftsplan ist eine hervorragende Grundlage für die Analyse Ihrer Idee. Wenn es um die praktische Umsetzung eines Online-Geschäfts geht, kann die Erstellung eines Geschäftsplans mehr Wissen liefern. Im besten Fall können Sie sofort feststellen, auf welche Fragen Sie keine Antwort wissen. Eine solide Kenntnis der "bekannten Unbekannten" ist von entscheidender Bedeutung, denn sie besagt, dass Sie sich nicht aktiv darum bemühen, sofort eine Lösung zu finden; das ist viel besser, als uninformiert oder überrumpelt zu sein, insbesondere wenn Sie versuchen, Geld zu beschaffen. Die täglichen Aktivitäten, um Ihr Unternehmen auf den Weg zu bringen, werden mit Sicherheit wesentlich schneller vonstatten gehen als ein herkömmlicher Geschäftsplan. Sie müssen wissen, was Sie fühlen, nicht was Sie denken. Die anfängliche Ausarbeitung Ihrer Strategie ist jedoch vergleichbar mit der Planung eines Weges zu einem bestimmten Ziel. Auf dem Weg dorthin werden sich die Gegebenheiten ändern, und kleine Bestandteile des ursprünglichen Entwurfs werden veraltet sein.

5. Bringen Sie Ihre Finanzen in Ordnung

Das Hauptziel eines jeden Unternehmens ist es, Geld zu verdienen. Stattdessen haben Sie nur das Vergnügen (was auch gut ist!). Wenn Sie lernen wollen, wie Sie ein Unternehmen effektiv gründen können, müssen Sie wissen, wie Sie anfangen müssen und wie Sie den Cashflow verwalten können, sobald Sie ihn haben. Obwohl es schwierig ist, eine klare, eindeutige Liste der Gründe für das Scheitern der meisten Unternehmen zu erstellen, sind die Hauptgründe sicherlich der Cashflow und der Mangel an Kapital. Finanzielle Kenntnisse und die Beschaffung von Finanzmitteln sind in der Wirtschaft im Grunde dasselbe. Es gibt viele verschiedene Unternehmen, die mit sehr wenig Geld gegründet werden können, aber für andere Unternehmen werden Mittel für Inventar, Ausrüstung oder Räumlichkeiten benötigt. Bevor Sie einen Pfennig ausgeben, sollten Sie sich ein klares Bild von Ihrer

Gesamtinvestition machen. Dies kann Ihnen helfen, kritische Schätzungen vorzunehmen, z. B. wann Sie die Gewinnschwelle erreichen.

Ihr Unternehmen wird größtenteils entscheiden, wohin das Geld fließt. Die Daten zeigen, dass Ihr Produkt und Ihr Inventar im ersten Jahr Ihrer Geschäftstätigkeit das meiste Geld verschlingen werden. Wenn Sie im Laufe des ersten Jahres sehen, dass Sie mehr Geld benötigen, sollten Sie einen Kredit für kleine Unternehmen, ein Shopify-Kapitalangebot (für diejenigen, die sich qualifizieren) oder sogar eine Crowdfunding-Kampagne in Betracht ziehen. Die zweite Komponente der Gleichung ist die finanzielle Kompetenz, d. h. das Wissen, wie Geld in Ihr Unternehmen hinein- und herausfließt. Denken Sie daran: Wenn die Rechnung nicht aufgeht, wird auch Ihr Unternehmen nicht funktionieren. Sie sind bereit, geschäftliche Anschaffungen zu tätigen; Buchhaltung sollte eine Ihrer obersten finanziellen Prioritäten sein. Genaue Aufzeichnungen über Ihre Einnahmen und Ausgaben helfen Ihnen, den Überblick über Ihren Cashflow zu behalten, und erleichtern Ihnen den Übergang zu einer späteren Zusammenarbeit mit einem Steuerberater oder Buchhalter - das ist mitunter das beste Geld, das Sie je ausgeben werden, wenn Sie es sich leisten können. Nehmen Sie sich die Zeit, ein Geschäftskonto einzurichten und eine Geschäftskreditkarte zu beantragen, um den Umgang mit Ihren Mitteln zu erleichtern. Wenn Sie Ihre privaten und geschäftlichen Konten voneinander trennen, wird die Steuererklärung für Ihr Unternehmen wesentlich einfacher. Außerdem können Sie auf diese Weise einige der finanziellen Aufgaben automatisieren, die mit der Gründung eines Unternehmens verbunden sind. Es ist von Vorteil, wenn Sie lernen, wie Sie ein kleines Unternehmen mit einem kleinen Budget gründen können.

- **Entwickeln Sie Ihr Produkt (oder Ihre Dienstleistung)**

Sie haben Ihre Studie durchgeführt, die Statistiken sortiert und vielleicht begonnen, Ihr Konzept durch erstes Kundeninteresse zu überprüfen. Jetzt ist es an der Zeit, sich näher mit der Frage zu befassen, wie Sie das, was Sie derzeit verkaufen, herstellen werden. Wenn Sie ein Standardunternehmen betreiben, können Sie einen der folgenden drei Wege zur Produktinnovation beschreiben:

A. Erstellen Sie Ihr Produkt.

Die Entwicklung Ihres Produkts, das Sie der Welt anbieten möchten, kann Ihnen helfen, sich auf dem von Ihnen gewählten Markt abzuheben. Ob Sie Ihre Produkte selbst herstellen oder ein Originalprodukt von einer Fabrik erwerben.

- Ideenfindung. Das SCAMPER-Modell, bei dem Fragen zu bestehenden Produkten gestellt werden, ist eine leistungsstarke Technik, um schnell auf Produktideen zu kommen. Jeder Buchstabe steht für eine Frage: Ersetzen; Kombinieren; Anpassen (z. B. ein Still-BH mit vorderen Verschlüssen); Ändern; Umfunktionieren (z. B. Hundebetten aus Memory-Schaum); Eliminieren; Umkehren/Umordnen (z. B. eine Reisetasche, die Ihre Anzüge nicht zerknittert).

- Prototyping. Beim Prototyping probieren Sie mehrere Versionen Ihres Produkts aus, schließen nach und nach Alternativen aus und nehmen Anpassungen vor, bis Sie mit dem endgültigen Exemplar zufrieden sind. Dank der Entwicklung des 3D-Drucks können Entwürfe nun zu wesentlich geringeren Kosten und mit einer viel schnelleren Durchlaufzeit in tatsächliche Muster umgewandelt werden.

- Kalkulation. Bei der Kalkulation werden alle bisher erfassten Daten zur Berechnung der Selbstkosten herangezogen, um den Verkaufspreis und die Bruttomarge zu ermitteln.

B. Ein bestehendes Produkt anpassen.

Dank der Print-on-Demand-Dienste können T-Shirts, Leggings, Handtücher, Rucksäcke und andere White-Label-Produkte mit einzigartigen Designs und Branding versehen werden. Diese Option ist Standard in Kategorien, in denen die meisten Unterscheidungsmerkmale auf Innovation beruhen. Kaffeetassen zum Beispiel können aus verschiedenen Materialien hergestellt werden, aber viele Käufer sind mehr an einem witzigen Spruch oder Branding interessiert als an der Verarbeitungsqualität. Diese Technik eignet sich auch hervorragend für den Verkauf von Produkten an Ihre Follower, wenn Sie als Inhaltsersteller bereits ein Publikum haben - sobald Sie wissen, was diese wollen.

C. Eine Auswahl von Produkten zusammenstellen.

Das Streckengeschäft ist eine Methode zum Verkauf bereits vorhandener Produkte, ohne dass Sie einen Lagerbestand vorhalten müssen. Sie gehen eine Partnerschaft mit einem etablierten Produktlieferanten ein, der die Bestellung Ihres Kunden erst dann ausliefert und erfüllt, wenn Sie einen Verkauf per Streckengeschäft getätigt haben; Ihre Aufgabe als Streckenhändler ist es, Marketing und Kundendienst zu übernehmen. Dieser Ansatz ist in einigen Produktkategorien sehr zugänglich und wettbewerbsfähig. Dennoch ermöglicht es Tausenden von Unternehmern, ihr Unternehmen sofort zu gründen, ohne im Vorfeld erhebliche Investitionen in den Lagerbestand tätigen zu müssen. Zu guter Letzt sollten Sie bei der Festlegung Ihrer Preise die Gesamtkosten Ihres Produkts im Auge behalten. Die Kosten sind zwar nicht der einzige Faktor, der den Preis Ihres Produkts beeinflusst - es gibt noch viele andere -, aber es ist entscheidend, dass Sie Ihre Waren gewinnbringend anbieten.

- **Wählen Sie eine Unternehmensstruktur.**

Bei der Gründung eines Unternehmens stehen viele verschiedene Gesellschaftsformen zur Auswahl. Ihre Gesellschaftsform beeinflusst viele Elemente Ihres Unternehmens, insbesondere Steuern, Management und mögliche Haftung. Die richtige Struktur sorgt für ein Gleichgewicht zwischen den rechtlichen und finanziellen Garantien, die Sie benötigen, und der Flexibilität, die Ihnen die verschiedenen Möglichkeiten bieten. Es handelt sich um eine wichtige Entscheidung, die Sie vor der Gründung Ihres Unternehmens gründlich überdenken sollten. Die Unternehmensformen variieren je nach Land und Standort, aber die beiden häufigsten sind das Einzelunternehmen und die Kapitalgesellschaft, die in Ihrem Land unterschiedliche Bezeichnungen haben können. Ein Einzelunternehmen ist ideal, wenn Sie die einzige Person sind, die an dem Unternehmen beteiligt ist, und es ist in der Regel die am wenigsten zeitaufwändige Struktur, die Sie verfolgen. Allerdings haften Sie dann persönlich für die Handlungen des Unternehmens. Als Einzelunternehmer können Sie

Personal einstellen, benötigen aber eine Arbeitgeber-Identifikationsnummer, mit der Sie Ihr Unternehmen anmelden müssen. Wenn Sie sich für eine formellere Struktur entscheiden, z. B. eine Aktiengesellschaft oder eine Gesellschaft mit beschränkter Haftung, ist es einfacher, mehrere Eigentümer einzubeziehen, und Sie sind nicht persönlich für das Unternehmen haftbar. Gleichzeitig ist die Gründung und Führung eines Unternehmens mit zusätzlichem Papierkram und Formalitäten verbunden. Wenn Sie lernen, wie man ein kleines Unternehmen gründet, gibt es bei der Wahl der richtigen Rechtsform für Ihr Unternehmen ein paar Variablen zu beachten:

- Wie lautet der Standort Ihres Unternehmens?

- Welche Art von Unternehmen führen Sie? Die Gesetze Ihres Landes geben Auskunft über die verschiedenen Unternehmensstrukturen, die Sie gründen können. Sie erfahren auch, ob Sie eine Geschäftslizenz benötigen, um Ihr Unternehmen zu gründen oder nicht. Einige Organisationsstrukturen eignen sich besser für Unternehmen einer bestimmten Größe oder in einer bestimmten Branche. Möglicherweise müssen Sie Ihr Unternehmen umstrukturieren, um mit neuen Partnern zusammenarbeiten zu können. Es ist nicht üblich, dass große Unternehmen verlangen, dass z. B. ihre Lieferanten oder Partner einbezogen werden.

- Wenn Sie ein Einzelunternehmer sind, können Sie sich vielleicht für eine schlankere Lösung entscheiden. Wenn Sie einen Geschäftspartner oder mehrere Eigentümer haben, müssen Sie sich mit komplizierteren Lösungen befassen, um sicherzustellen, dass alles korrekt eingerichtet und gemeinsam genutzt wird.

Ein Wirtschaftsprüfer oder Rechtsanwalt kann Sie bei der Prüfung der verschiedenen Möglichkeiten in Ihrer Region und dem Verfahren zur Unternehmensgründung unterstützen.

- **Recherchieren Sie Lizenzen und staatliche Vorschriften.**

Informieren Sie sich über die Genehmigungen und die Gesetze des Landes, die Sie benötigen, um korrekt zu arbeiten, sobald Sie gelernt haben, wie man ein Online-Geschäft aufbaut. Niemand möchte sich in rechtliche Gefahr begeben. Ihr Unternehmen ist von den örtlichen Geschäftsgesetzen sowie den Produktionsvorschriften und -regeln abhängig. Ein Lebensmittelunternehmen muss beim

Umgang mit den von ihm verkauften Lebensmitteln ganz bestimmte Lizenzen und Vorschriften einhalten. Darüber hinaus muss es auch die rechtlichen Aspekte seiner Marketingaktivitäten sowie Marken- und Urheberrechtsgesetze berücksichtigen. Es gibt so viel zu lernen, und vieles davon ist für Ihren Standort und Ihre Branche relevant, dass es eine gute Idee ist, sich rechtlich beraten zu lassen, bevor Sie Ihr Unternehmen in Ihrer Gemeinde gründen. Wenn Sie Zeit und Geld investieren, um sich rechtlich beraten zu lassen, können Sie sich in Zukunft Geld, Zeit und Ärger ersparen.

- **Wählen Sie Ihre Werkzeuge.**

Die Gründung eines Internet-Unternehmens bedeutet mehr Arbeit, als eine einzelne Person effektiv bewältigen kann. Deshalb sollten Unternehmenseigentümer den Wert intelligenter Software nicht vernachlässigen - sie ist eine der effizientesten Strategien, um die Menge an schwerer Arbeit, die mit der Führung eines Unternehmens verbunden ist, zu minimieren. Das richtige Werkzeug für die jeweilige Aufgabe ist entscheidend. Der erste Schritt, um etwas Zeit zurückzugewinnen, besteht also darin, herauszufinden, welche Aufgaben die meiste Zeit in Anspruch nehmen.

Gibt es etwas auf Ihrer Liste, das sich zu wiederholen scheint und keine Entscheidungen erfordert? Software ist ideal, um solche Aufgaben zu rationalisieren oder zu automatisieren. Auch wenn die Gefahr besteht, sich von zu vielen Tools ablenken zu lassen, werden einige Aspekte des Marketings sofort von der Automatisierung profitieren.

- Buchhaltung. Eine Buchhaltungssoftware ist ein akzeptabler Weg, um Ihr Unternehmen auf den richtigen finanziellen Weg zu bringen. Die Software bietet verschiedene Alternativen, mit denen Sie alles dokumentieren können, von einem Essen mit Ihrem Geschäftspartner bis hin zu einer umfangreichen Inventarbestellung. Sparen Sie sich so viel manuelle Zahlenarbeit wie möglich für lohnende Nachforschungen auf und überlassen Sie die täglichen Aufgaben der Software und den Fachleuten.

- Die meisten Unternehmen profitieren vom Versand von E-Mails an ihre Kunden, noch bevor sie ihren ersten Verkauf tätigen, indem sie Abbruch- und Willkommens-E-Mails erstellen. Zusammen mit Ihrem Online-Geschäft ist eine E-Mail-Liste eines der wenigen Dinge, die Sie im Internet besitzen; sie bietet Ihnen einen direkten Kanal zu Ihren Kunden, der nicht von Algorithmen Dritter abhängt.

- Werbeanzeigen. Werbung ist ein unvermeidlicher Bestandteil der Geschäftstätigkeit eines Unternehmens, insbesondere im Internet. Dennoch kann Marketing-Software Ihnen helfen, den Prozess zu automatisieren und Ihr Werbebudget zu maximieren, egal wie klein.

- Ein Projekt verwalten. Auch wenn Sie allein arbeiten, hilft Ihnen eine zentrale Stelle, an der Sie Ihre Arbeit planen und wichtige Aktivitäten verwalten können, auf Kurs zu bleiben. Vernetzungs-Apps wie Zapier sind ideal, um Ihre häufigsten Arbeitsabläufe zu verknüpfen und zu automatisieren, während Tools wie Trello und

Asana Ihnen helfen können, den Finger am Puls zu behalten.

- Ein Online-Geschäft oder eine Website. Wählen Sie einen Website-Builder oder eine E-Commerce-Plattform, mit der Sie alle wichtigen Aktivitäten im Zusammenhang mit dem Betrieb Ihres Unternehmens mühelos verwalten können. Suchen Sie nach einem Thema, das Ihre Geschäftsbereiche ergänzt und es Ihnen ermöglicht, Bestellungen schnell anzunehmen und zu bearbeiten. Die Leistung der Website, die Transaktionen und die Abwicklung sowie die Multikanalfunktionalität sind wesentliche Elemente für Handelsunternehmen.

- **Einen Standort finden.**

Ihre Unternehmensstrategie wird Ihnen dabei helfen, die Art des benötigten Raums zu bestimmen. Wenn Sie T-Shirts nach dem Print-on-Demand-Prinzip verkaufen, brauchen Sie vielleicht nur einen kleinen Arbeitsbereich, einen Schreibtisch und einen Laptop in Ihrem Haus. Wenn Ihr Unternehmen hingegen physische Verkaufsräume benötigt, müssen Sie einen Standort mieten. Wenn Sie einen Standort mieten möchten, sollten Sie die folgenden Fragen beantworten, um die Anforderungen an Ihren Geschäftsstandort einzugrenzen:

1. Wie viel Platz benötigen Sie für Ihr Inventar? Sie können vielleicht nicht Hunderte von Artikeln in Ihrem Wohnzimmer unterbringen, wenn Sie sie alle auf einmal erhalten.

2. Beabsichtigen Sie, Ihre Produkte persönlich zu verkaufen? Für Ihre ersten Bestellungen ist der Verkauf von zu Hause aus zweifellos eine Option, aber wenn der persönliche Verkauf ein wichtiger Kanal ist, sollten Sie einen Ort wählen, der für die Kunden bequem und einfach zu besuchen ist.

3. Werden die Aufträge von Ihrem Standort aus verpackt und versandt? Je nach Umfang Ihres Liefergeschäfts benötigen Sie möglicherweise mehr Zeit als Sie an Ihrem Hauptsitz haben. Sie können mit den vorhandenen Räumlichkeiten ein kleines Unternehmen gründen, insbesondere wenn Sie nicht persönlich verkaufen wollen.

- **Arbeitsbelastung und Teamgröße planen.**

Jetzt, wo Sie Ihr Unternehmen gründen können, ist es an der Zeit, Ihre Belegschaft aufzustocken. Welche Art von Arbeit müssen Sie verrichten, und welche Fähigkeiten benötigen Sie, um Ihr Unternehmen zu gründen? Dies sind wichtige Fragen, die Sie beantworten müssen, denn sie entscheiden über Ihren Zeitplan für die Gründung und den Umfang der Kosten. Wenn Sie alles alleine machen wollen, sind Sie an die Zeit gebunden, die Sie zur Verfügung haben. Diese Kosten müssen Sie ebenso einkalkulieren wie die Zeit, die Sie benötigen, um Freierufler oder Fachleute anzuwerben und zu registrieren, wenn Sie Hilfe in Anspruch nehmen wollen. Für den Anfang finden Sie hier eine Liste der natürlichen Talente, die Sie lernen, kennen oder einstellen müssen:

Gestaltung.

Während Sie lernen, wie man ein Unternehmen online gründet, müssen Sie viele Designentscheidungen treffen, von der Entwicklung eines Logos bis zur Auswahl der Farben Ihrer Marke. Hier sind einige wichtige Entscheidungen, auf die Sie achten sollten:

- Logo. Um Ihr Logo zu entwickeln, können Sie einen Logo-Builder wie Hatchful oder Bildverteilungs-Tools wie Canva verwenden.

- Farben. Beginnen Sie damit, eine Farbpalette mit einem der zahlreichen online verfügbaren Tools zu erstellen, oder verwenden Sie Hatchful, um Farben für Ihr Unternehmen auszuwählen.

- Das Erscheinungsbild der Website. Wenn Sie mit einem professionellen Erscheinungsbild für Ihre Website beginnen, ist sichergestellt, dass Ihre Website den besten Designpraktiken folgt.

Marketing.

Marketing ist ein entscheidender Bestandteil des Lernens, wie man ein Unternehmen online gründet, und es könnte eine Reihe von Talenten mit sich bringen. Beginnen Sie damit, herauszufinden, welche Marketingaktivitäten den größten Einfluss auf Ihr neues Unternehmen haben werden. Erstellen Sie dann anhand Ihrer Ideen eine Liste der Fähigkeiten, die Sie für die Durchführung dieser Aktivitäten benötigen. Das Schalten von gesponserten Anzeigen erfordert beispielsweise andere Fähigkeiten als das Fotografieren von Lifestyle-Bildern, um Ihre Instagram-Fangemeinde zu vergrößern. Vergewissern Sie sich, dass Sie einige der gängigsten Werbestrategien in Ihrem Unternehmen kennen und verstehen und dass Sie die Kompetenz haben, sie in die Praxis umzusetzen.

Versand.

Ein ausgeklügelter Versandplan ist einer der Schlüssel zum Aufbau eines kleinen Online-Geschäfts. Vergewissern Sie sich, dass Sie eine Vertriebsstrategie haben, die wesentliche Fragen behandelt, wie z. B.: Wie funktioniert der Transport von Punkt A nach Punkt B, wenn die Produkte bestellt wurden?

- Die Preisgestaltung. Werden Sie Ihren Kunden eine kostenlose oder vergünstigte Lieferung anbieten, oder werden Sie ihnen die gesamten Kosten in

Rechnung stellen? Da es sich hierbei um ein kompliziertes Thema handelt, das sich auf viele Bereiche Ihres Unternehmens auswirkt, ist es wichtig, die Daten zu prüfen und Ihre Entscheidungen zu treffen.

- Verpackung. Niedrigere Versandkosten werden oft mit leichteren Verpackungen in Verbindung gebracht, aber Sie müssen Gewicht und Schutz abwägen. Pappe ist zwar schwer, bietet aber für viele Dinge mehr Schutz als ein Poly-Mailer.

- Standorte. Beabsichtigen Sie, weltweit, national oder nur lokal zu versenden? Die Antwort auf diese Frage hängt von Ihren Waren und Zielen ab und kann sich mit der Expansion Ihres Unternehmens weiterentwickeln.

Hilfe für Ihr Unternehmen einstellen.

Wenn Sie das Gefühl haben, dass Sie nicht über die nötigen Fähigkeiten oder die nötige Zeit verfügen, ist es an der Zeit, jemanden zu beauftragen, der Ihnen bei der Gründung eines Online-Unternehmens hilft. Für umfangreichere Projekte, wie die Erstellung Ihrer Website oder Ihres Marketingplans, können Sie ganz einfach einen virtuellen Assistenten einstellen, der Sie bei Ihren laufenden und Routineaufgaben unterstützt. Fiverr ist ein großartiger Ort für den Anfang.

Verfolgung der Arbeitsbelastung durch Ihr neues Unternehmen.

Es ist an der Zeit, ein wenig Projektmanagement hinzuzufügen, um Ihnen das Leben zu erleichtern, sobald Sie genau wissen, was zu tun ist und wer die Arbeit erledigen wird. Um Aufgaben aufzuschreiben, zuzuweisen und zu verfolgen, sollten Sie ein Zeitmanagement-Tool wie Trello oder Asana verwenden. Zeitmanagement-Software ist praktisch, um Teams auf Kurs zu halten, aber vergessen Sie nicht, wie wichtig Struktur für Sie selbst ist.

- **Starten Sie Ihr Unternehmen.**

Zu diesem Zeitpunkt haben Sie alles gelernt, was es über ein erfolgreiches Unternehmen zu wissen gibt. Sie sind nun bereit für den letzten, aufregenden Schritt: den Start! Die Arbeit, die Sie bisher geleistet haben, hat eine solide Grundlage für Ihren Start geschaffen, wobei Sie sich auf die Werbung und die Erzielung Ihres ersten Verkaufs konzentriert haben. Dennoch können Strategien, die Sie im Hinterkopf behalten, vor allem wenn es darum geht, sich zu etablieren, dazu beitragen, dass Ihr Start noch effektiver wird. Auch wenn jede Markteinführung anders verläuft, können einige Elemente den Absatz in den ersten Tagen verbessern.

- Nutzen Sie Ihre Beziehungen. Werben Sie für Ihren Shop in erster Linie mit kostenlosen Angeboten, die Sie bereits kennen, z. B. über Ihre eigenen Social-Media-Profile und Ihre Kontaktliste.

- Das Versenden von E-Mails mit der Bitte um Hilfe, die genauso wichtig sein kann wie ein sozialer Beitrag, kann Ihnen helfen, Aufmerksamkeit zu erregen.

- Bieten Sie nach Möglichkeit Rabatte an. Frühzeitige Kunden können mit einem Rabattcode belohnt werden, der zu Ihren Gewinnspannen passt. Dies kann Ihnen helfen, schnell an Zugkraft zu gewinnen, insbesondere wenn Ihr Geschäft neu ist und es an Kundenrezensionen oder Social-Proof-Punkten fehlt.

- Experimentieren Sie mit gesponserten Anzeigen. Bezahlte Anzeigen können eine der geeignetsten Techniken sein, um Ihre Zielgruppen zu erreichen, selbst wenn Sie mit einem kleinen Budget beginnen. Frühzeitiges Testen kann Ihnen helfen, die ersten Verkäufe zu generieren und Ihren Anzeigenerfolg zu steigern, wenn Sie expandieren.

Die Reise des Lebens.

Es ist immer aufregend, wenn man kurz vor dem Start seines Unternehmens steht. Und warum? Viele Unternehmer haben uns gesagt, dass es sie reizt, ins Unbekannte aufzubrechen. In der Planungsphase eines Internetunternehmens haben sie so viel Kontrolle, aber sobald es an die Öffentlichkeit geht, befinden sie sich in völlig unerforschtem Terrain. Das ist nicht gerade beruhigend, aber der Ruf nach Abenteuer ist zu stark, um ihn zu ignorieren - also folgen sie dem Ruf, auch wenn ihre innere Stimme etwas anderes sagt. Aus diesem Grund bewundern wir Unternehmer so sehr: Sie sind bereit, alles zu riskieren, um ihre Ziele zu verfolgen. Auch wenn die Gründung eines Unternehmens schwierig ist, sollten Sie einen unerfüllten Plan nicht aufgeben, nur weil er schwierig ist.

Sie werden nur dort draußen, in den unerforschten Gebieten Ihrer persönlichen Entwicklung, herausfinden, wer Sie sein können.

Kapitel no.4

Ein neues Unternehmen zu Hause gründen.

Ein Unternehmen, das von zu Hause aus betrieben wird, ist für viele Menschen attraktiv, insbesondere für diejenigen, die das Pendeln vermeiden, unabhängig sein, mehr Geld verdienen, mehr Zeit mit ihrer Familie verbringen oder mehr Kontrolle über ihre Arbeitszeiten haben wollen. Es ist möglich, von zu Hause aus ein nachhaltiges und schließlich profitables Geschäft aufzubauen (wie Steve Jobs und Mary Kay Ash es taten). Es ist jedoch ebenso denkbar, ein Unternehmen zu gründen, das nie abhebt. Auch wenn Glück beim Erfolg eine Rolle spielt, besteht der Hauptunterschied zwischen erfolgreichen und erfolglosen Heimunternehmen darin, wie engagiert Sie sind, es richtig zu machen. Wenn Sie schon einmal ein erfolgreiches Heimbüro geführt haben (ich führe seit vier Jahren ein profitables freiberufliches Schreibbüro), wissen Sie, dass Planung unerlässlich ist. In einer perfekten Welt hätten Sie Anleitungsbücher gelesen und Blogs durchforstet. Sie haben in Fachforen Fragen gestellt und Antworten erhalten. Sie sind Mastermind-Gruppen beigetreten und haben sich von anderen Rat geholt. Hier sind einige Vorschläge, auf die Sie wahrscheinlich immer wieder stoßen werden, wenn Sie unterwegs sind.

1. Interviewen Sie sich selbst.

Sie werden Ihr Chef und Ihr Angestellter sein, also wählen Sie sorgfältig.

- Sind Sie ein Anhänger des Pfades?

- Denken Sie gründlich über ein neues Projekt nach, bevor Sie Zeit und Mühe dafür aufwenden?

- Haben Sie Spaß daran, mit Menschen in Kontakt zu treten und neue Dinge zu lernen?

Ja. Wenn nicht, können Sie Ihre Fähigkeiten jederzeit verbessern oder einen Geschäftspartner finden, dessen Stärken Ihre ergänzen?

2. Studieren Sie die Logistik der Selbstständigkeit.

Wenn Sie glauben, dass Sie das Zeug dazu haben, müssen Sie sich mit den Realitäten der Heimarbeit auseinandersetzen, z. B.:

- Haben Sie genügend Platz zum Arbeiten und zur Lagerung von Inventar, Ausrüstung und Rohstoffen?

- Können Sie Hilfe in Anspruch nehmen, wenn Sie Kinder oder andere Familienmitglieder haben, die betreut werden müssen, damit Sie jeden Tag etwas Zeit für die Arbeit aufwenden können?

- Verfügen Sie über ausreichende Mittel für den Anfang? Selbst eine Firma, die nicht in einem Wohnsitzland ansässig ist, muss zu Beginn einige Hunderttausend Dollar ausgeben, zumindest für lokale Geschäftslizensen und -genehmigungen, eine

Berufshaftpflichtversicherung, eine Website und Visitenkarten.

Sie sind sich bei der Beantwortung einer dieser Fragen nicht sicher. Sie können Zeit, Geld und Ärger sparen, wenn Sie sich mit diesen Fragen beschäftigen, bevor Sie Ihre Firma gründen.

3. Erstellen Sie einen einfachen Geschäftsplan.

Welche Pläne haben Sie für den Verkauf? Wer wird es kaufen? Auf welche Weise werden Sie sie kontaktieren? Wie viel Prozent ihrer Einkäufe werden sie bei Ihnen tätigen und wie viel werden sie ausgeben? Was können Sie in Bezug auf den Bruttoumsatz und den Nettogewinn erwarten? Kostenlose Vorlagen für Geschäftspläne, wie diese hier von der $100 Startup, und Checklisten, wie diese hier von der Small Business Administration, sind überall im Internet zu finden.

4. Rechtlich und finanziell auf der sicheren Seite.

Entscheiden Sie, welche Art von Unternehmen Sie führen wollen (höchstwahrscheinlich eine Einzelfirma, aber es gibt auch andere Möglichkeiten). Besorgen Sie sich eine Gewerbeerlaubnis auf Gemeinde- oder Bezirksebene sowie eine IRS Employer Identification Number (EIN). Sie müssen ein Geschäftsgirokonto eröffnen, auf das Sie das Geld einzahlen, das Sie für die Gründung Ihres Unternehmens zurückgelegt haben. (Sie brauchen den Bericht, damit Sie bei der Steuer nicht mit einem Durcheinander von Privat- und Firmengeldern dastehen). Sie benötigen Ihre EIN auch, wenn Sie eine staatliche Umsatzsteuergenehmigung beantragen wollen. Um sich vor möglichen Rechtsstreitigkeiten zu schützen, sollten Sie sich jetzt um eine Berufshaftpflichtversicherung kümmern. Wenn Sie ein Dienstleister sind, sollten Sie herausfinden, welche Form von Kundenvertrag in Ihrem Bereich erwartet wird, und Ihre eigene Version erstellen.

5. Eine Website erstellen.

Da die meisten Menschen heute über ihr Handy suchen und surfen, sollten Sie nach einem Webhosting-Dienst suchen, der für Mobilgeräte optimierte Website-Vorlagen und schnelle Ladezeiten bietet. Selbst wenn es sich nur um eine Landing Page handelt, auf der sich die Besucher in Ihre E-Mail-Liste eintragen können, sollte Ihr Hosting-Anbieter in der Lage sein, mühelos eine hochwertige E-Commerce-Plattform zu integrieren, damit Ihre Kunden sicher online bezahlen können, wenn Sie auf Ihrer Website etwas verkaufen möchten.

6. Erstellen Sie ein professionelles E-Mail-Konto für sich selbst

Für Ihre Freunde mögen Sie foxytiger@??.com sein, aber potenzielle Kunden möchten eine professionelle Adresse sehen, die auf dem Domänennamen Ihres Unternehmens basiert. E-Mail-Hosting ist nicht bei allen Webservern verfügbar. Wählen Sie einen Webhoster (z. B. HostGator), der mit Ihrer Website eine kostenlose E-Mail-Adresse anbietet, um die Sache für Sie einfacher zu machen.

7. Achten Sie auf Ihre potenziellen Kunden.

Die erfolgreichsten Selbstständigen bemühen sich, die Bedürfnisse ihrer Kunden zu erfüllen. Dieser Schritt ist ein Schritt von Null bis Unendlich, und es ist wichtig, dass Sie bei der Planung Ihres ersten Produkts oder Ihrer ersten Dienstleistung genau zuhören. Erkundigen Sie sich nach Ihren Ideen und holen Sie Feedback ein. Dies kann in Online-Foren, sozialen Medien und im Blog Ihrer Website geschehen, wenn Sie einen haben.

8. Erstellen Sie ein Minimum Viable Product.

Ja, Sie sind das wertvollste Gut in Ihrem Unternehmen, aber dies ist die Phase des minimal lebensfähigen Produkts. Was können Sie Ihren Kunden mit Ihrem Produkt anbieten, das ihnen einen Mehrwert bietet und gleichzeitig ein vertretbares Risiko (in Bezug auf Zeit und Geld) auf Ihrer Seite erfordert? Ihr MVP wird nicht Ihr einziges Angebot sein. Es ist lediglich ein erster Schritt, um zu beobachten, wie gut Ihr Kaufprozess funktioniert, und um Feedback von den Kunden zu erhalten, was sie in Ihrer nächsten Ausgabe oder Ihrem nächsten Produkt sehen möchten.

9. Verstärken Sie Ihre Marketingbemühungen.

Nachdem Sie ein Produkt und einen Kundenstamm bereitgestellt haben, können Sie sich an Interessenten wenden, die Ihren derzeitigen Kunden ähnlich sind. Ihr Zielpublikum bestimmt die spezifischen Marketingmethoden, die Sie einsetzen sollten. Nutzen sie Facebook oder sind sie regelmäßige Leser Ihrer kostenlosen Wochenzeitung? Beginnen Sie damit, herauszufinden, wie Ihre derzeitigen Kunden von Ihnen erfahren haben, und arbeiten Sie sich von dort aus vor.

10. Schaffung neuer Dienstleistungen oder Waren.

Auf der Grundlage von Kundenanregungen können Sie Ihre Produktpalette erweitern oder überarbeiten. Vermarkten Sie sie bei Ihren aktuellen und potenziellen Kunden und achten Sie darauf, was diese zu jedem neuen Produkt sagen.

11. Häufige Überprüfung.

Stellen Sie sich nach der Einführung Ihres MVP immer einige Fragen zu Ihrem Unternehmen im Allgemeinen. Tun Sie dies auch jedes Mal, wenn Sie eine andere Dienstleistung oder ein anderes Produkt einführen.

- Glauben Sie, dass Sie Fortschritte machen?

- Ist Ihr Unternehmen rentabel oder steht es kurz davor, rentabel zu werden?

- Glauben Sie, dass Sie die Arbeitsbelastung bewältigen können?

- Aktualisieren Sie Ihr Webhosting-Paket oder bauen Sie Ihre Website neu auf.

- Haben Sie eine gute Arbeitsbeziehung zu Ihren Kunden?

Kapitel no.5

Die profitabelsten Unternehmen 2021.

Möchten Sie ein profitables Unternehmen gründen? Manche Menschen gehen in das Unternehmertum, weil sie genau wissen, welchen Markt sie erobern und welche Firma sie gründen wollen. Für Unternehmer kann es jedoch eine Herausforderung sein, herauszufinden, wie man ein Unternehmen gründet und wie man am besten dazu passt. Es ist schwierig, die richtige Idee zu finden.

Eine Liste der lukrativsten Kleinunternehmen, Jedes dieser Unternehmen wächst schnell und könnte Ihnen ein gutes Auskommen bieten. Und was noch besser ist: Keines dieser Unternehmen erfordert eine erhebliche Vorleistung. Mit der perfekten Kombination aus harter Arbeit, Geduld und Einfallsreichtum können Sie eines dieser erfolgreichen Unternehmen aufbauen.

Kleine Unternehmen, die am rentabelsten sind.

Die meisten dieser erfolgreichsten Unternehmen, aber nicht alle, fallen aufgrund technischer Verbesserungen unter das Dach der Online-Geschäftsideen. Es gibt auch Pläne für Kindertagesstätten, B2B-Dienstleistungen und Unternehmer, die ihr Unternehmen auf die Straße bringen wollen. Das soll nicht heißen, dass nicht jedes Unternehmenskonzept, das Sie sich ausdenken, lukrativ sein kann, aber wenn Sie auf der Suche nach einem Startplatz sind, ist diese Tabelle der erfolgreichsten Kleinunternehmen ein fantastischer Startpunkt:

1. Autoreparatur.

Es kann schwierig sein, sein Auto in die Werkstatt zu bringen, selbst wenn es sich nur um eine kleine Reparatur handelt. Wir sind auf unsere Autos angewiesen, um uns fortzubewegen. Um ein Fahrzeug reparieren zu lassen, muss man oft in der Werkstatt warten, ein Auto für einen Tag mieten oder eine Fahrt mit einem Kollegen oder Partner koordinieren. Diese Lösungen sind sowohl kostspielig als auch schwierig. Während für bestimmte Reparaturverfahren der Einsatz von Kfz-Reparaturmaschinen erforderlich ist, können viele Dienstleistungen und Serviceleistungen mit nur wenigen einfachen Werkzeugen durchgeführt werden. Wenn Sie ein kompetenter Mechaniker sind, ist es eine der erfolgreichsten Geschäftsideen, einen mobilen Fahrzeugreparaturdienst einzurichten. Ölwechsel, das Auffüllen von Flüssigkeiten, der Austausch von Zellen, das Auswechseln von Scheinwerfern und andere

Wartungsarbeiten können in der Einfahrt des Kunden oder auf dem Parkplatz des Unternehmens durchgeführt werden.

2. Mobile Lebensmittelwagen.

Die Street-Food-Branche wird sich voraussichtlich weiter entwickeln. Da die Lebenshaltungskosten in den Großstädten im ganzen Land steigen, wird es für aufstrebende spezialisierte Lebensmittelhersteller immer schwieriger, einen Laden im Herzen der Stadt zu finanzieren, wo ihre Kunden am ehesten anzutreffen sind. Food Trucks sind eine gute Lösung. Sie können damit beginnen, auf die Straße zu gehen und auf lokalen Festivals, Landwirtschaftsmärkten und öffentlichen Plätzen aufzustellen, um die Massen anzulocken. Dank der niedrigen Kosten und der größeren geografischen Mobilität eines Foodtrucks können Sie das berühmte Knödelrezept Ihrer Großmutter oder das seltsame Dessertkonzept in ein lebensfähiges Unternehmen verwandeln.

Bitte denken Sie daran, dass es in bedeutenderen, trendigeren Gebieten wie San Francisco, London und Cambridge bereits einen überfüllten Foodtruck-Sektor gibt, so dass eine kleinere Metropole im Landesinneren möglicherweise besser geeignet ist. Lebensmittelhändler haben auch ihre eigenen Vorschriften, Geschäftslizenzen und Sicherheitsstandards sowie die Notwendigkeit einer Versicherung für die Herstellung von Lebensmitteln, so erkundigen Sie sich bei Ihrem lokalen medizinischen Zentrum zu sehen, was notwendig ist.

3. Dienstleistungen für die Autowäsche.

Mobile Fahrzeugwaschanlagen stehen als nächstes auf unserer Liste der rentabelsten Unternehmungen. Viele Leute wären bereit, einen Aufpreis für eine mobile Autowäsche zu zahlen, die zu ihnen kommt, anstatt quer durch die Stadt zu fahren, um zu einer Autowaschanlage zu gelangen. Das gilt besonders für Leute, die hochwertige Autos besitzen und eine individuellere Betreuung wünschen. Als mobile Autowaschanlage und Fahrzeugaufbereitungsbetrieb können Sie nicht von dem einzigartigen Vorteil profitieren, mobil zu sein. Dennoch würden Sie auch die enormen Gemeinkosten und Vorabinvestitionen einer festen Anlage sparen. Möchten Sie Ihre mobilen Autodienstleistungen anbieten, wissen aber nicht, wo Sie anfangen sollen? Bei mehreren Online-Großhändlern sind Starterkits und Anleitungen für die Autopflege erhältlich, wenn Sie Ihr eigenes Unternehmen in dieser speziellen Branche gründen möchten. Sie können auch mehr darüber lesen, wie man ein Autohaus gründet.

4. Elektronik-Reparatur.

Die Amerikaner sind heute von der Technik fasziniert. Aufgrund dieser allgegenwärtigen digitalen Sucht brauchen die Kunden so schnell wie möglich Hilfe, wenn etwas schief geht. Infolgedessen sind drahtlose Handheld-Reparaturdienste Mangelware und könnten schon bald zu einem der erfolgreichsten Kleinunternehmen werden. Mit diesem Unternehmen können Sie die Antwort auf jeden beschädigten iPhone-Bildschirm, jede WiFi-Karte und jeden Computerakku sein. Und wenn Sie bereit sind, zu Ihren Kunden zu reisen, werden Sie sogar noch profitabler sein. Apple-Läden und andere Elektronikunternehmen wurden kürzlich wegen langer Kundenschlangen gerügt, was den Mobilfunkanbietern helfen könnte. Abgesehen davon hat ein transportables Elektronikklempnereigeschäft zwar einige Kosten für die Beschaffung von Zubehör. Er kann die hohen Gemeinkosten eines festen Standorts vermeiden, was ihm eine noch lukrativere Dienstleistungsmarketingstrategie bietet.

5. IT-Unterstützung.

Während zwei Drittel der Amerikaner glauben, dass sie elektronisch sind, ist es eine Tatsache, dass sie regelmäßig Hilfe suchen. Manche Menschen machen ihre Computer oder andere elektronische Geräte anfällig für Identitätsbetrug und Kriminelle. Leider ist der kostenlose telefonische Kundendienst der Hersteller meist nutzlos oder schafft es nicht, das Problem zu beheben, wenn etwas schief läuft. Wenn Ihnen die Technik leicht von der Hand geht - und Sie geduldig sind -, dann könnte die erfolgreichste Branche für Sie darin bestehen, mit mobilen IT-Diensten auf die Straße zu gehen, zumindest in Ihrer Nachbarschaft. Dieses Firmenmodell mit geringem Aufwand ist im Grunde genommen reiner Profit, denn alles, was Sie brauchen, ist Zeit, Ausrüstung und Ihr eigenes Wissen.

6. Persönliche Trainer.

Es ist nicht unbedingt notwendig, für ein großes Fitnessstudio zu arbeiten, um Ihre Liebe zur Fitness in eine Karriere umzuwandeln, und es ist auch nicht notwendig, dass Sie auf Ihrer Website Personen trainieren. Nehmen Sie Ihre Trainingsshow mit ein paar Hanteln, Seilen und Yogamatten im Kofferraum mit auf die Reise. Bieten Sie einen weiteren Termin bei Ihren Kunden zu Hause an oder bieten Sie Gruppenkurse in einem nahe gelegenen Park oder Gemeindezentrum an, um ein Personal Trainer zu werden. Der Schlüssel zum Erreichen beider Ziele könnte darin liegen, dass Sie Ihren Kunden den Zugang zum Sport erleichtern. Fitness- und Wellnessgeschäfte werden immer beliebter, da die Amerikaner anfangen, sich gesünder zu ernähren und mehr zu trainieren. Personal Trainer und Fitnessstudios gehören zu den erfolgreichsten Unternehmen überhaupt.

7. Dienstleistungen für Neugeborene und junge Mütter.

Millennials zögern die Mutterschaft länger hinaus als frühere Generationen, aber sie wollen trotzdem Kinder haben - 1,2 Millionen Millennials wurden 2016 zum ersten Mal Mutter. Aus diesem Grund steigt der Bedarf an Unternehmen, die sich auf Kinder konzentrieren. Dies wird bei Dienstleistungen nach der Geburt und im Zusammenhang mit Neugeborenen der Fall sein. Dazu gehört auch eine Nachfrage nach Doulas und Stillberaterinnen. Diese Dienstleistungen werden von frischgebackenen Müttern immer häufiger in Anspruch genommen, und für beide Berufe sind neben der Ausbildung und Zertifizierung nur relativ geringe Gemeinkosten erforderlich. Das bedeutet, dass diese Berufe potenziell zu einem der profitabelsten Unternehmen werden könnten, die Sie gründen können.

8. Aktivitäten zur Bereicherung der Kinder.

Die Zahl der Kinder in verschiedenen Ländern steigt weiter an, und die Kürzungen der Bildungsbudgets haben sich auf die traditionellen akademischen Fächer und auf bereichernde Themen wie Musik, Kunst und Sport ausgewirkt. Infolgedessen suchen immer mehr Eltern nach außerschulischen Aktivitäten bei privaten Unternehmen. Aus diesem Grund könnte eine Gymnastikeinrichtung, eine Musikschule, ein Schwimmlehrer, ein Kinderyogalehrer oder eine andere auf Kinder ausgerichtete Aktivität eines Ihrer profitabelsten Unternehmen in der Zukunft sein. Wenn Sie eine Fähigkeit haben, die Sie kleinen Kindern leicht beibringen können, haben Sie vielleicht ein gutes Geschäft in der Hand.

9. Mobile Anwendungen und Unterhaltung für Kinder.

Wenn Ihre Hobbys jedoch eher im Bereich Technologie oder Unterhaltung liegen, sollten Sie in Betracht ziehen, Ihre Technologien auf die jüngere Zielgruppe auszurichten. Untersuchungen zeigen, dass die Nachfrage von Kindern nach Tablets, Apps und mobiler Unterhaltung trotz der Ratschläge von Experten steigt. Es ist jetzt an der Zeit, Ihr brillantes Konzept für die nächste Generation in die Tat umzusetzen. Verwandeln Sie Kinder-Apps und -Unterhaltung in ein potenziell erfolgreiches Geschäft.

10. Accessoires und Kleidung auf dieselbe Weise anziehen.

Dieser Trend hat für diese Unternehmen einige kleine Geschäftsmöglichkeiten geschaffen. So werden Kleidungsstücke und Accessoires zu einem Bruchteil der Kosten eines Neukaufs verliehen oder vermietet. Und da mit ein und demselben Kleidungsstück mehrmals Einnahmen erzielt werden können, können diese Unternehmen schnell Gewinn machen. Gefällt den Leuten Ihr Sinn für Stil? Ist der Verleih von Kleidungsstücken über andere Verleihdienste derzeit nicht möglich? Vielleicht haben Sie das Zeug dazu, das nächste große Ding zu werden. Auch wenn Sie noch nicht so weit sind, ein millionenschweres Modeunternehmen zu gründen, können Sie dennoch von der gemeinsamen Nutzung von Mode auf lokaler Ebene profitieren. Sammeln Sie vor dem nächsten Ball in Ihrer Stadt ein paar bevorzugte Accessoires oder Outfits und veranstalten Sie eine Ausleihparty für

Highschool-Schüler. Wenn Sie in einer Universitätsstadt leben, sind auch die Veranstaltungen der griechischen Studentenverbindungen eine hervorragende Möglichkeit, von der gemeinsamen Nutzung von Mode zu profitieren. Sie können sogar profitabler sein als größere Unternehmen, weil Sie sich keine Sorgen um die Versandkosten machen müssen..

11. Heimwerkerausrüstung, die von den Kunden gemeinsam genutzt wird.

Sind Sie in der Nachbarschaft der Mann oder die Frau für jedes erdenkliche Rasen-, Garten- und Hausreparaturwerkzeug? Warum verwandeln Sie diese Gefallen nicht in ein lukratives Geschäft, indem Sie Ihre zugänglichen Geräte auch Leuten außerhalb Ihres engen Freundeskreises anbieten? Vielleicht entscheiden Sie sich sogar, mehr Geld für spezialisierte und teure Geräte auszugeben, von denen die Menschen in Ihrer Umgebung profitieren. Integrieren Sie Ihr Instrumentenleasing mit einem mobilen Wartungsservice, um noch mehr Geld in die Kasse zu bekommen, wenn ein Kunde nicht weiß, wie er die spezielle Ausrüstung benutzen soll. Da immer mehr Menschen in die Renovierung von Häusern investieren und dafür Ausrüstung und Unterstützung benötigen, könnte dies eine große Chance für eine der erfolgreichsten Geschäftsideen sein.

12. Ferienvermietungen.

Airbnb und VRBO haben es einfacher denn je gemacht, mit Ihrer nicht ausgelasteten Ferienwohnung - oder sogar mit Ihrem Gästezimmer in Ihrem Haus - Geld zu verdienen. Außerdem ist es nicht so einfach, ein Airbnb-Gastgeber zu sein, wie es scheint. Die Nachfrage nach dieser Art von Vermietungen ist in den letzten Jahren unaufhörlich gestiegen. Wenn Sie in einem beliebten Touristenort wohnen, können Sie daher leicht Geld verdienen, indem Sie einfach ein Zimmer in Ihrem Haus an Besucher vermieten.

13. Akademische Kurse sind die Nummer dreizehn.

Dank des technologischen Fortschritts können Online-Unternehmer einige der profitabelsten Unternehmen gründen, indem sie Kurse über Bildungsplattformen oder auf ihren Websites anbieten. So können Sie mit traditionellen akademischen Kursen beginnen und zusätzliche Online-Schulungen in den Bereichen Lesen, Rechnen, Naturwissenschaften oder Geschichte sowie die Vorbereitung auf standardisierte Tests anbieten. Sie könnten sogar einen Wiederholungskurs für Eltern entwickeln, die ihren Kindern bei den Mathehausaufgaben helfen. Die Möglichkeiten sind wirklich unbegrenzt, wenn Sie erfinderisch sind. Akademische Studien müssen nicht mit dem Abschluss der High School oder sogar des Colleges enden. Um Ihre Leidenschaft für politische

Geschichte, buddhistische Theologie oder Raketenwissenschaft zu teilen, können Sie einen Online-Kurs entwickeln. Wenn Sie sich für etwas begeistern können, ist die Wahrscheinlichkeit groß, dass jemand anderes das auch tut.

14. Sprachkurse.

In dem Maße, wie sich die Kommunikation verbessert und die Grenzen verschwimmen, sind die Menschen auf der ganzen Welt daran interessiert, Sprachen zu lernen. Ganz gleich, ob Sie mit guten Englischkenntnissen oder guten Kenntnissen in Suaheli zur Online-Bildung kommen, es gibt bestimmt jemanden, der eine Sprache von Ihnen lernen möchte. Wahrscheinlich sind sie auch bereit, dafür zu bezahlen. Wenn Sie die am meisten nachgefragten Sprachen wie Arabisch, Spanisch und Mandarin sprechen, haben Sie möglicherweise ein lukratives Geschäft vor sich. Ein Online-Sprachunterricht könnte eine Ihrer profitabelsten Geschäftsideen sein, wenn Sie eine seltene Sprache beherrschen oder eine weit verbreitete Sprache sehr gut unterrichten können.

15. Kurse in Wirtschaft oder Marketing.

Welche Talente und Lektionen mussten Sie in Ihrem eigenen Unternehmen oder Ihrer Karriere auf die harte Tour lernen? Leider fehlt es vielen Hochschulabsolventen an vermarktbaren Fähigkeiten, die ihnen helfen können, in der Wirtschaft erfolgreich zu sein, auch wenn ein geisteswissenschaftliches Studium kritische Denker ausbilden mag. Diese Lücken mit Ihrem Wissen zu füllen, könnte eine der besten kleinen Geschäftsideen sein, die Sie mit ein paar Anfangsinvestitionen starten können. Mit einem B2B-Online-Kurs können Sie Ihr Wissen und Ihre Erfahrung mit anderen Unternehmern teilen. Buchhaltung, QuickBooks-Buchhaltungssoftware, WordPress-Webentwicklung, Grafikdesign, Erstellung eines guten Kundenangebots und sogar das Verfassen eines aufmerksamkeitsstarken Anschreibens oder Lebenslaufs sind beliebte Kursthemen.

16. Kurse für unterschiedliche Interessen.

Viele Kurse sollen den Schülern helfen, ihre Ausbildung oder ihre Berufsaussichten zu verbessern oder ihr Leben grundlegend zu ändern. Sie können aber auch ganz einfach ein Online-System für jedes beliebige Hobby oder Interesse erstellen. Interessieren Sie sich für Kalligrafie oder Bierbrauen? Glauben Sie, dass Sie ein bestimmtes Videospiel beherrschen? Sogar für Geschäftsinhaber gibt es Online-Kurse. Sie können einen dieser Kurse nutzen, um Ihr eigenes Online-Kursgeschäft oder eine andere großartige kleine Geschäftsidee auf unserer Liste zu starten.

Und nicht zuletzt.

Für Kleinunternehmer mögen Branchen wie Gesundheitstechnologie, Finanzen und Produktherstellung den Aktienmarkt und die Wirtschaft der Fortune 500 dominieren. Sie sind jedoch nicht immer die profitabelsten oder zugänglichsten Optionen. Stattdessen sind viele der besten Firmen für Erstunternehmer einfach zu gründen, haben geringe Anfangsinvestitionen und nutzen die Marktnachfrage oder Trends. Auf unserer Liste der lukrativsten Kleinunternehmen finden sich viele Ideen, die für eine breite Palette von unternehmerischen Kenntnissen und Vorlieben geeignet sind. Wählen Sie die für Sie beste Idee aus, beginnen Sie mit der Planung und nehmen Sie die Dinge in die Hand - und ehe Sie sich versehen, werden Sie die Früchte eines äußerst erfolgreichen Unternehmens ernten.

Schlussfolgerung:

Viele Menschen interessieren sich für das Unternehmertum, aber es kann beängstigend sein, zu wissen, wie man es anpackt. Was soll man auf den Markt bringen? Wem sollten Sie Ihre Waren anbieten? Wie wollen Sie Kunden anlocken?

Als ob das nicht schon genug wäre, scheint es, als gäbe es zweimal im Monat eine neue Unternehmensbewegung im Internet. Chatbots, Facebook-Marketing, Instagram-Influencer und eine Fülle weiterer Möglichkeiten sind verfügbar. Worauf sollten Sie achten? Was ist wirklich wichtig? Bewältigen Sie den Stress und machen Sie sich an die Arbeit, wenn Sie leidenschaftlich gerne ein Unternehmen gründen möchten. In diesem Buch führen wir Sie durch den Prozess der Unternehmensgründung im Jahr 2021. Planung, Verhandlungen über finanzielle Entscheidungen, Marktforschung und die Entwicklung von Fähigkeiten in Bereichen, die Sie nie lernen wollten, sind nur ein Teil des Prozesses der Unternehmensgründung. Dieser Leitfaden für den Prozess der Unternehmensgründung wurde entwickelt, um Sie dabei zu unterstützen, jetzt Ihr Bestes zu geben.

Serie: Reichtum 2022
1. Online-Unternehmertum.
2. Ihr eigenes Unternehmen gründen
3. Vermögensverwaltung
4. Passives Einkommen.

www.ingramcontent.com/pod-product-compliance
Lightning Source LLC
Chambersburg PA
CBHW070254220526
45465CB00004B/1613